KB087026

에듀윌과 함께 시작하면,
당신도 합격할 수 있습니다!

오랜 직장 생활을 마감하며 찾아온 앞날에 대한 막연한 두려움
에듀윌만 믿고 공부해 합격의 길에 올라선 50대 은퇴자

출산한지 얼마 안돼 독박 육아를 하며 시작한 도전!
새벽 2~3시까지 공부해 8개월 만에 동차 합격한 아기엄마

만년 가구기사 보조로 5년 넘게 일하다, 달리는 차 안에서도
포기하지 않고 공부해 이제는 새로운 일을 찾게 된 합격생

누구나 합격할 수 있습니다.
시작하겠다는 '다짐' 하나면 충분합니다.

마지막 페이지를 덮으면,

**에듀윌과 함께
공인중개사 합격이 시작됩니다.**

14년간 베스트셀러 1위
에듀윌 공인중개사 교재

기초부터 확실하게 기초/기본 이론

기초입문서(2종)

기본서(6종)

출제경향 파악 기출문제집

단원별 기출문제집(6종)

다양한 출제 유형 대비 문제집

기출응용 예상문제집(6종)

<이론/기출문제>를 단기에 단권으로 단단

단단(6종)

부족한 부분을 빠르게 보강하는 요약서/실전대비 교재

1차 핵심요약집+기출팩

임선정 그림 암기법
(공인중개사법령 및 중개실무)

오시훈 키워드 암기장
(부동산공법)

심정욱 합격패스 암기노트
(민법 및 민사특별법)

심정욱 핵심체크 OX
(민법 및 민사특별법)

합격을 위한 비법 대공개 합격서

이영방 합격서
부동산학개론

심정욱 합격서
민법 및 민사특별법

임선정 합격서
공인중개사법령 및 중개실무

김민석 합격서
부동산공시법

한영규 합격서
부동산세법

오시훈 합격서
부동산공법

신대운 합격서
쉬운 민법체계도

합격을 결정하는 파이널 교재

이영방 필살키

심정욱 필살키

임선정 필살키

오시훈 필살키

김민석 필살키

한영규 필살키

신대운 필살키

회차별 기출문제집
(2종)

실전모의고사
(2종)

더 많은
공인중개사 교재

공인중개사,
에듀윌을 선택해야 하는 이유

8년간 아무도 깨지 못한 기록
합격자 수 1위

합격을 위한 최강 라인업
1타 교수진

공인중개사

합격만 해도 연 최대 300만원 지급
에듀윌 앰배서더

업계 최대 규모의 전국구 네트워크
동문회

1위 에듀윌만의
체계적인 합격 커리큘럼

합격자 수가 선택의 기준, 완벽한 합격 노하우

온라인 강의

① 전 과목 최신 교재 제공
② 업계 최강 교수진의 전 강의 수강 가능
③ 합격에 최적화 된 1:1 맞춤 학습 서비스

쉽고 빠른 합격의 첫걸음 합격필독서 무료 신청

최고의 학습 환경과 빈틈 없는 학습 관리

직영 학원

① 현장 강의와 온라인 강의를 한번에
② 합격할 때까지 온라인 강의 평생 무제한 수강
③ 강의실, 자습실 등 프리미엄 호텔급 학원 시설

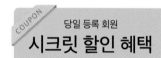

COUPON
당일 등록 회원
시크릿 할인 혜택

설명회 참석 당일 등록 시 특별 수강 할인권 제공

친구 추천 이벤트

"친구 추천하고 한 달 만에
920만원 받았어요"

친구 1명 추천할 때마다 현금 10만원 제공
추천 참여 횟수 무제한 반복 가능

※ "a*o*h**** 회원의 2021년 2월 실제 리워드 금액 기준
※ 해당 이벤트는 예고 없이 변경되거나 종료될 수 있습니다.

친구 추천 이벤트
바로가기

합격자 수 1위 에듀윌
6만 5천 건이 넘는 후기

고○희 합격생

부알못, 육아맘도 딱 1년 만에 합격했어요.

저는 부동산에 관심이 전혀 없는 '부알못'이었는데, 부동산에 관심이 많은 남편의 권유로 공부를 시작했습니다. 남편 지인들이 에듀윌을 통해 많이 합격했고, '합격자 수 1위'라는 광고가 좋아 에듀윌을 선택하게 되었습니다. 교수님들이 커리큘럼대로만 하면 된다고 해서 믿고 따라갔는데 정말 반복 학습이 되더라고요. 아이 둘을 키우다 보니 낮에는 시간을 낼 수 없어서 밤에만 공부하는 게 쉽지 않아 포기하고 싶을 때도 있었지만 '에듀윌 지식인'을 통해 합격하신 선배님들과 함께 공부하는 동기들의 위로가 큰 힘이 되었습니다.

이○용 합격생

군복무 중에 에듀윌 커리큘럼만 믿고 공부해 합격

에듀윌이 합격자가 많기도 하고, 교수님이 많아 제가 원하는 강의를 고를 수 있는 점이 좋았습니다. 또, 커리큘럼이 잘 짜여 있어서 잘 따라만 가면 공부를 잘 할 수 있을 것 같아 에듀윌을 선택했습니다. 에듀윌의 커리큘럼대로 꾸준히 따라갔던 게 저만의 합격 비결인 것 같습니다.

안○원 합격생

5개월 만에 동차 합격, 낸 돈 그대로 돌려받았죠!

저는 야쿠르트 프레시매니저를 하다 60세에 도전하여 합격했습니다. 심화 과정부터 시작하다 보니 기본이 부족했는데, 교수님들이 하라는 대로 기본 과정과 책을 더 보면서 정리하며 따라갔던 게 주효했던 것 같습니다. 합격 후 100만 원 가까이 되는 큰 돈을 환급받아 남편이 주택관리사 공부를 한다고 해서 뒷받침해 줄 생각입니다. 저는 소공(소속 공인중개사)으로 활동을 하고 싶은 포부가 있어 최대 규모의 에듀윌 동문회 활동도 기대가 됩니다.

다음 합격의 주인공은 당신입니다!

더 많은
합격 비법

처음에는 당신이 원하는 곳으로
갈 수는 없겠지만,
당신이 지금 있는 곳에서
출발할 수는 있을 것이다.

– 작자 미상

➕ 합격할 때까지 책임지는 개정법령 원스톱 서비스!

법령 개정이 잦은 공인중개사 시험. 일일이 찾아보지 마세요!
에듀윌에서는 필요한 개정법령만을 빠르게! 한번에! 제공해 드립니다.

| 에듀윌 도서몰 접속
(book.eduwill.net) | ▶ | 우측 정오표
아이콘 클릭 | ▶ | 카테고리 공인중개사
설정 후 교재 검색 |

개정법령
확인하기

2 0 2 4

에듀윌 공인중개사

한영규
필살키

최종이론 & 마무리100선

부동산세법

합격의 문을 여는
마지막 열쇠

마지막까지 포기하지 않고
합격의 길로 이끌어드리겠습니다.

약력
- 現 에듀윌 부동산세법 전임 교수
- 現 세무법인 세익 원당지점 대표세무사
- 現 동고양세무서 납세자보호위원
- 前 동고양세무서 국세심사위원
- 前 내국소비세법 및 회계학 개론 강의

저서
에듀윌 공인중개사 부동산세법 기초입문서, 기본서, 단단, 합격서, 단원별/회차별
기출문제집, 기출응용 예상문제집, 실전모의고사, 필살키 등 집필

한영규T 인스타그램
(@hanyeonggyu73)

지난 시간 열심히 노력하신 여러분, 고생 많으셨습니다.
이제 시험을 위한 막바지 정리단계입니다.
지금까지 많은 교재와 문제를 통해 학습한 내용을 보다 간단하게 정리할 수 있는 교재를 고민하다가 마무리 정리에 최적화된 필살키를 출간하게 되었습니다.

본 필살키는 다음과 같은 특징을 가지고 있습니다.
첫째, 핵심만 압축한 이론을 빠르게 학습함으로써 전체적인 윤곽을 잡을 수 있고, 이 내용을 바탕으로 문제를 풀어봄으로써 재확인이 가능하도록 하였습니다.

둘째, 빈출된 내용, 시험에 꼭 필요한 내용은 모두 이론과 문제 형태로 두 번 학습할 수 있도록 구성하였습니다.

이러한 특징으로 필살키는 시험장에 꼭 가져가야 할 교재로서 손색이 없다고 자부합니다.

이제 시험이 얼마 남지 않았습니다.
초조하고 불안한 마음은 학습량과 관계없이 누구나 똑같습니다. 마무리 잘하시어 시험장에 당당히 가실 수 있기를 바랍니다. 여러분의 합격을 진심으로 기원하겠습니다.

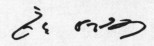

필살키 구성 및 특장점

더 간결하게 핵심만 모은 **최종이론**

필수이론만
POINT 단위로 정리

연계학습
이론 관련 마무리 100선
문제를 바로 확인

핵심 키워드에 밑줄을
표시하여 빠른 회독 가능

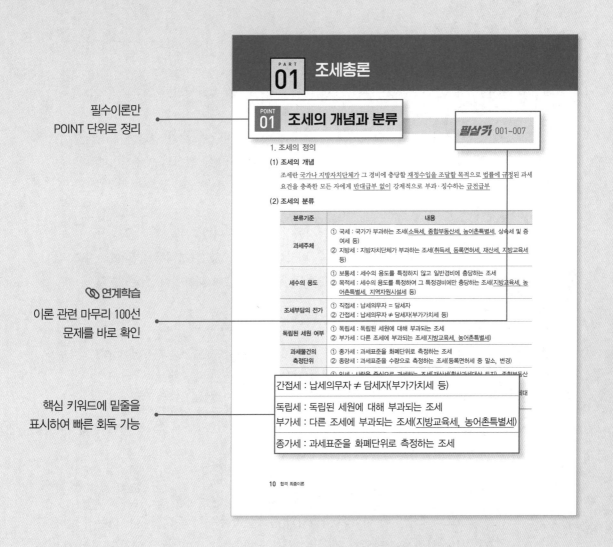

PART 01 조세총론

POINT 01 조세의 개념과 분류

필살키 001~007

1. 조세의 정의

(1) 조세의 개념
조세란 국가나 지방자치단체가 그 경비에 충당할 재정수입을 조달할 목적으로 법률에 규정된 과세요건을 충족한 모든 자에게 반대급부 없이 강제적으로 부과·징수하는 금전급부

(2) 조세의 분류

분류기준	내용
과세주체	① 국세 : 국가가 부과하는 조세(소득세, 종합부동산세, 농어촌특별세, 상속세 및 증여세 등) ② 지방세 : 지방자치단체가 부과하는 조세(취득세, 등록면허세, 재산세, 지방교육세 등)
세수의 용도	① 보통세 : 세수의 용도를 특정하지 않고 일반경비에 충당하는 조세 ② 목적세 : 세수의 용도를 특정하여 그 특정경비에만 충당하는 조세(지방교육세, 농어촌특별세, 지역자원시설세 등)
조세부담의 전가	① 직접세 : 납세의무자 = 담세자 ② 간접세 : 납세의무자 ≠ 담세자(부가가치세 등)
독립된 세원 여부	① 독립세 : 독립된 세원에 대해 부과되는 조세 ② 부가세 : 다른 조세에 부과되는 조세(지방교육세, 농어촌특별세)
과세물건의 측정단위	① 종가세 : 과세표준을 화폐단위로 측정하는 조세 ② 종량세 : 과세표준을 수량으로 측정하는 조세(등록면허세 중 말소, 변경)

간접세 : 납세의무자 ≠ 담세자(부가가치세 등)

독립세 : 독립된 세원에 대해 부과되는 조세

부가세 : 다른 조세에 부과되는 조세(지방교육세, 농어촌특별세)

종가세 : 과세표준을 화폐단위로 측정하는 조세

10 합격 최종이론

☑ 필살키만의 3가지 특장점

필 수이론만 담았다!

복잡한 머릿속을 단기간에 정리할 수 있도록 방대한 이론을 요약하고 또 요약했습니다.

살 을 덧붙이는 연계학습 구성!

필살키 문제에 [2024 에듀윌 한영규 합격서]의 페이지를 표기하여 더 상세한 이론을 신속히 확인할 수 있습니다.

키 (기)적의 마무리 100선!

올해 가장 출제가 유력해 보이는 문제만을 수록하여 합격을 위한 마지막 마무리를 할 수 있습니다.

꼭 필요한 문제만 담은 **마무리 100선**

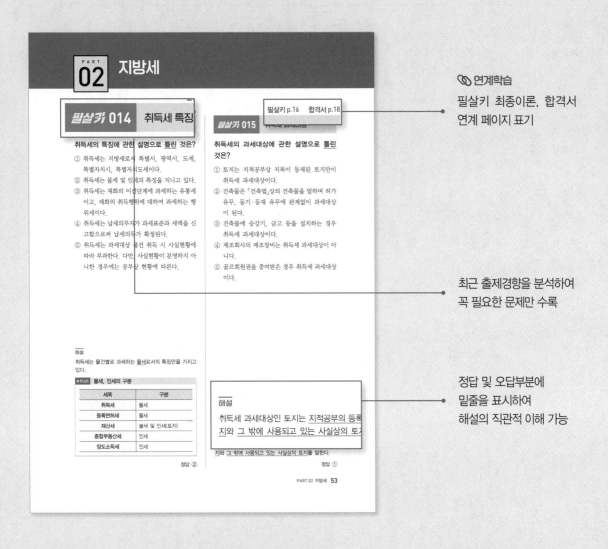

연계학습
필살키 최종이론, 합격서
연계 페이지 표기

최근 출제경향을 분석하여
꼭 필요한 문제만 수록

정답 및 오답부분에
밑줄을 표시하여
해설의 직관적 이해 가능

☑ 합격자들의 3가지 필살키 활용 TIP

TIP 1 단권화

필살키 교재를 최종 요약집으로 만들고 다회독하였어요!

합격자 장**

TIP 2 다회독

마무리 100선을 3번 이상 반복 학습한 것이 제 합격의 비결입니다!

합격자 나**

TIP 3 정답 키워드 찾기

정답 및 오답 키워드를 찾는 연습을 반복했더니 답이 보이기 시작했어요~

합격자 김**

필살키 _{KEY} 차례

		합격 최종이론	마무리 100선
PART 01	조세총론	10	46
PART 02	지방세	16	53
PART 03	국세	29	73

필살키 200% 활용법!

에듀윌 공인중개사 홈페이지(land.eduwill.net)에서 필살키를 교재로 활용하는
강의를 함께 수강해보세요!

강의 소개 및
수강신청 바로가기

합격

최종이론

POINT 01 조세의 개념과 분류

필살키 001~007

1. 조세의 정의

(1) 조세의 개념

조세란 국가나 지방자치단체가 그 경비에 충당할 재정수입을 조달할 목적으로 법률에 규정된 과세요건을 충족한 모든 자에게 반대급부 없이 강제적으로 부과·징수하는 금전급부

(2) 조세의 분류

분류기준	내용
과세주체	① 국세 : 국가가 부과하는 조세(소득세, 종합부동산세, 농어촌특별세, 상속세 및 증여세 등) ② 지방세 : 지방자치단체가 부과하는 조세(취득세, 등록면허세, 재산세, 지방교육세 등)
세수의 용도	① 보통세 : 세수의 용도를 특정하지 않고 일반경비에 충당하는 조세 ② 목적세 : 세수의 용도를 특정하여 그 특정경비에만 충당하는 조세(지방교육세, 농어촌특별세, 지역자원시설세 등)
조세부담의 전가	① 직접세 : 납세의무자 = 담세자 ② 간접세 : 납세의무자 ≠ 담세자(부가가치세 등)
독립된 세원 여부	① 독립세 : 독립된 세원에 대해 부과되는 조세 ② 부가세 : 다른 조세에 부과되는 조세(지방교육세, 농어촌특별세)
과세물건의 측정단위	① 종가세 : 과세표준을 화폐단위로 측정하는 조세 ② 종량세 : 과세표준을 수량으로 측정하는 조세(등록면허세 중 말소, 변경)
인적 귀속 여부	① 인세 : 사람을 중심으로 과세하는 조세[재산세(합산과세대상 토지), 종합부동산세, 양도소득세] ② 물세 : 특정물건에 대해 과세하는 조세[취득세, 등록면허세, 재산세(합산과세대상토지 제외)]

(3) 분납과 물납

세목	분납	물납
재산세(도시지역분 포함)	250만원 초과, 3개월	1천만원 초과, 관할구역 내 부동산
종합부동산세	250만원 초과, 6개월	불가
양도소득세	1천만원 초과, 2개월 (예정, 확정 모두 가능)	불가
농어촌특별세	본세 규정에 따라감	불가

※ 취득세, 등록면허세는 분납·물납 불가, 소방분 지역자원시설세는 재산세 분납 시 분납 가능

(4) 단계별 부과조세

취득단계	보유단계	양도단계
• 취득세 • 등록면허세(취득세 면세점, 제척기간 만료) • 상속세/증여세 • 농어촌특별세/지방교육세 • 인지세	• 재산세(소방분 지역자원시설세) • 종합부동산세 • 종합소득세(임대업 등) • 지방소득세 • 농어촌특별세/지방교육세	• 양도소득세 • 종합소득세(매매업 등) • 지방소득세 • 농어촌특별세 • 인지세

※ 부가가치세(지방소비세), 농어촌특별세는 모든 단계에서 과세

(5) 신고납부와 고지(보통)징수

신고납부 방식	고지(보통)징수 방식
• 취득세 • 등록면허세 • 종합부동산세(선택) • 소득세(종합, 양도)	• 재산세 • 종합부동산세(원칙) • <u>부가세(농어촌특별세, 지방교육세)는 본세 방식 준용</u>

※ 납세자 = 납세의무자(본래, 2차, 연대 등) + 징수의무자(원천징수, 특별징수)

2. 국세부과와 세법적용(국세기본법)

조세부과의 원칙	세법적용의 원칙
• 실질과세의 원칙 • 신의성실의 원칙 • 근거과세의 원칙 • 조세감면의 사후관리	• 세법해석의 기준(엄격해석, 부당한 재산권 침해 금지) • 소급과세의 금지 • 세무공무원의 재량의 한계 • 기업회계의 존중

3. 서류의 송달

① 교부, 우편, 전자송달 등이 원칙
② 정당한 사유 없이 수령거부 시 유치송달 가능(서류를 둘 수 있음)
③ 위의 방식 불가 시 공시송달 가능(공고한 날부터 14일 경과 시 효력 발생)

4. 가산세

신고납부세목(국세, 지방세 공통)	고지(보통)징수세목(신고 관련 가산세 없음)	
	국세	지방세
신고불성실가산세 ① 무신고(20%, 사기 등 40%) ② 과소신고(10%, 사기 등 40%)	고지지연가산세 3%	
납부지연가산세 1일 22/100,000	납부지연가산세 1일 22/100,000 (5년, 150만원 미만 미적용)	납부지연가산세 1개월 66/10,000 (60개월, 45만원 미만 미적용)

※ 가산세는 해당 세목으로, 조세감면 시 감면대상에 포함하지 않음
※ 가산세의 감면 : 무신고가산세(6개월 내 50%, 30%, 20%), 과소신고가산세(2년 내 90%, 75%, 50%, 30%, 20%, 10%)

5. 용어의 정의(지방세기본법)

과세표준	직접적으로 세액산출의 기초가 되는 과세물건의 수량·면적 또는 가액(價額) 등
표준세율	지방자치단체가 지방세를 부과할 경우에 통상 적용하여야 할 세율로서 재정상의 사유 또는 그 밖의 특별한 사유가 있는 경우에는 이에 따르지 아니할 수 있는 세율
세무공무원	지방자치단체의 장 또는 지방세의 부과·징수 등에 관한 사무를 위임받은 공무원
납세의무자	「지방세법」에 따라 지방세를 납부할 의무(지방세를 특별징수하여 납부할 의무는 제외)가 있는 자
납세자	납세의무자(연대납세의무자와 제2차 납세의무자 및 보증인을 포함)와 특별징수의무자
신고납부	납세의무자가 그 납부할 지방세의 과세표준과 세액을 신고하고, 신고한 세금을 납부하는 것
부과	지방자치단체의 장이 「지방세기본법」 또는 지방세관계법에 따라 납세의무자에게 지방세를 부담하게 하는 것
징수	지방자치단체의 장이 「지방세기본법」 또는 지방세관계법에 따라 납세자로부터 지방자치단체의 징수금을 거두어들이는 것
보통징수	세무공무원이 납세고지서를 납세자에게 발급하여 지방세를 징수하는 것

특별징수	지방세를 징수할 때 편의상 징수할 여건이 좋은 자로 하여금 징수하게 하고 그 징수한 세금을 납부하게 하는 것 ※ 비교 : '원천징수(源泉徵收)'는 세법에 따라 원천징수의무자가 국세(이와 관계되는 가산세는 제외)를 징수하는 것을 말함
지방자치단체의 징수금	지방세 및 체납처분비
면세점	과세표준금액이 일정금액 이하에 대해 과세하지 않는다고 정할 때 그 금액 예 취득세에서 취득가액 50만원 이하인 경우 과세하지 않음
소액징수면제	징수할 세액이 일정금액에 미달할 경우에는 이를 징수하지 아니하는 것 예 재산세 고지서 1장당 2천원 미만의 경우 징수하지 않음

POINT 02 납세의무의 성립·확정·소멸·확장　　필살귀 008~010

1. 성립·확정

구분	납세의무 성립시기	납세의무 확정시기(금액)	납세절차
취득세	취득 시	신고 시	취득일 ~ 60일 등 신고납부
등록면허세	등기·등록 시	신고 시	등기·등록 전까지 신고납부
재산세	매년 6/1	결정 시	① 납기 : 7/16 ~ 7/31, 9/16 ~ 9/30 ② 납기 5일 전까지 발급
종합부동산세	매년 6/1	결정 시(원칙), 신고 시(선택)	① 12/1 ~ 12/15(납부원칙, 신고 선택) ② 납기 5일 전까지 발급
양도소득세	① 예정 : 과세표준이 발생한 달의 말일 ② 확정 : 과세기간이 끝나는 때	신고 시	① 예정 : 과세표준이 발생한 달의 말일 ~ 2개월(3개월) ② 확정 : 다음 연도 5/1 ~ 5/31까지 신고납부
주민세	매년 7/1		
수시부과	수시부과사유 발생 시	결정·경정 시	

2. 소멸

(1) 납부, 충당, 부과의 취소(상속과 법인합병은 소멸사유 아님)

(2) 제척기간의 만료(부과할 수 있는 기간)

① 상속세 및 증여세 : 사기/무신고 15년, 기타 10년

② 일반 : 사기 10년, 무신고 7년, 기타 5년

③ 취득 관련 지방세 무신고(상속·증여, 명의신탁, 과점주주) : 10년 적용

④ 부담부증여 시 양도소득세는 증여세 기준으로 적용

(3) 소멸시효의 완성(징수할 수 있는 기간)

① 5년(가산세 제외한 5억원 이상 국세, 5천만원 이상 지방세는 10년)

② 중단과 정지가 있음(제척기간은 중단, 정지 없음)

3. 확장

(1) 승계(상속, 합병), 연대납세의무(각자, 전체), 제2차 납세의무(부족분에 대해)

(2) 제2차 납세의무

① 출자자 : 무한책임사원(부족분 전체), 과점주주(부족분 중 지분율)

② 사업의 양수인 : 당해 사업 양수 시 이미 부과된 사업 관련 조세(부가가치세 등)

※ 단, 양도소득세는 제2차 납세의무 없음

조세우선권 및 배당순서   *필살키* 011~012

0순위	강제집행, 파산절차에 소요된 비용, 체납처분비
1순위	소액보증금, 임금채권(최종 3개월), 퇴직금(최종 3년), 재해보상금
2순위	당해세[상속세 및 증여세, 재산세(지방교육세), 종합부동산세(농어촌특별세), 소방분 지역자원시설세 및 가산세]
3순위	'법정기일'과 '설정일자' 비교해서 빠른 것 우선

※ 징수금 순위 : 체납처분비(강제집행비) → 조세 → 가산세
※ 조세채권 간 : 납세담보 → 압류 → 교부청구
※ 단, 주택보증금의 확정일자(또는 전세권설정일)보다 당해세의 법정기일이 늦은 경우 해당 재산에 대하여 부과된 당해세의 우선징수 순서에 대신하여 변제될 수 있음

① 이의신청은 임의절차

② **이의신청 결정** : 국세는 30일(항변이 있는 경우 60일) 이내, 지방세는 90일 이내(보정기간은 결정기간에 포함 ×)

③ 이의신청에 대한 결과통지를 받지 못한 경우 그 결정기간이 지난 날부터 90일 이내 심판청구 등 가능

④ 천재지변, 화재 등 사유 시 사유가 소멸한 날부터 14일 이내 불복신청 가능

⑤ 과태료, 통고처분 등은 불복대상이 아님

⑥ **지방세**

　ㄱ 심사청구 없음

　ㄴ 압류재산에 대해 30일까지 공매처분을 보류할 수 있음

⑦ **결정**

　ㄱ **각하** : 심사하지 않음

　ㄴ **기각** : 청구 이유 없음

　ㄷ **인용** : 청구 이유 있음

⑧ 세무사, 변호사 등 및 소액(국세 5천만원, 지방세 1천만원 미만)의 경우는 배우자 등이 불복절차 대리 가능

POINT 05 취득세의 특징 및 과세대상

필살카 014~015

(1) 취득세의 특징

지방세(특, 광, 도), 보통세, 물세, 종가세, 유통세, 행위세, 신고주의, 사실현황(실질과세)

(2) 취득세 과세대상

① 토지(공부등록대상 + 사실상), 건축물(시설물 포함)

② 차량, 선박, 항공기, 기계장비(건설기계를 말하며, 제조장비 아님)

③ 양식업권, 광업권, 어업권, 회원권(골프, 콘도, 요트, 승마, 종합체육시설)

④ 입목

POINT 06 취득의 개념 및 유형

필살카 016~018, 020

(1) 취득의 개념

① 일반적인 정의 : 원시취득, 승계취득 또는 유상·무상의 모든 취득을 말함

② 실질주의 : 등기·등록을 이행하지 않은 경우라도 사실상 취득하면 취득으로 봄

③ 차량, 기계, 항공기, 주문에 의해 건조하는 선박은 승계취득의 경우 과세

(2) 취득의 종류

구분	종류
유상승계	매매, 교환, 현물출자, 연부취득, 대물변제(위자료), 부담부증여 시 채무인수액
무상승계	상속, 증여, 이혼 시 재산분할, 부담부증여 시 채무인수액을 제외한 부분
원시취득	신축, 공유수면매립, 점유시효취득
간주취득	지목변경, 차량 등 종류변경, 개수, 과점주주의 간주취득

※ 배우자 또는 직계존비속과의 유상거래(부담부증여 시 채무인수 포함)는 증여로 추정함. 다만, '공(경)매, 파산선고, 교환, 대가지급사실 소명' 중 하나의 경우는 유상거래로 인정

취득세 납세의무자

상속	상속인 각자(공동상속재산 : 연대납세의무) ① 상속 등기 후 재분할 시 : 증여로 취득한 것으로 봄 ② 증여취득 배제(취득세 납세의무 없음) : 신고기한 내 재분할, 상속회복청구의 소, 채권자대위권
조합 등이 부동산을 취득하는 경우	① 조합원분 : 조합원 ② 일반분양분 : 조합
신탁재산의 위탁자 지위 이전	새로운 위탁자
건축물 소유자 ≠ 가설자	주체구조부 취득자
정원 또는 부속시설물	① 토지소유자 : 택지공사가 준공된 토지에 설치 ② 건축물 소유자 : 건축물을 건축하면서 건축물에 설치
지목변경	변경 당시 소유자(환지는 조합원, 체비지나 보류지는 시행자)
과점주주	① 비상장법인만 대상, 설립 시 과점주주는 제외 ② 최고지분율보다 증가분 과세 ③ 과점주주 내 주식 이전하였으나 전체 지분율 변동 없을 시 과세하지 아니함
도시개발사업 등에 따른 경우	건축물은 원시취득, 토지는 승계취득

취득시기

유상승계취득	사실상 잔금지급일과 등기·등록일 중 빠른 날 ① 사실상 잔금지급일을 확인할 수 없는 경우 : 계약서상 잔금지급일 　※ 계약서상 잔금지급일이 명시되지 않은 경우 : 계약일부터 60일이 경과된 날이 계약서상 잔금지급일 ② 연부취득 : 사실상 연부금지급일과 등기·등록일 중 빠른 날 ③ 등기·등록하지 아니하고 취득일~60일 이내 해제사실 입증 시 취득 ×
상속·증여·재산분할	① 상속 : 상속개시일 ② 증여 : 증여계약일과 등기·등록일 중 빠른 날 ③ 재산분할 : 등기·등록일 ④ 등기·등록하지 아니하고 취득일~취득일이 속하는달의 말일부터 3개월 이내 해제사실 입증 시 취득 ×

건축물의 건축·개수	사용승인서를 내주는 날과 사실상 사용일 중 빠른 날
토지 매립·간척	공사준공인가일, 사용승낙일·허가일 또는 사실상 사용일 중 빠른 날
점유시효취득	등기·등록일
조합원에게 귀속되지 않은 토지	① 주택조합 : 사용검사를 받은 날 ② 재건축조합 : 소유권이전고시일의 다음 날
지목변경	사실상 변경일과 공부상 변경일 중 빠른 날(변경 전 사용 시 사실상 사용일)

POINT 09 취득세 과세표준

필살키 023~025

구분	과세표준	
유상승계	① 원칙 : 사실상 취득가격(부당행위 시 시가인정액) ② 연부 : 매회 연부금액(계약보증금 포함) ※ 시가인정액이란 매매사례가액, 감정가액, 공매가액 등을 말함	사실상 취득가격(할인받은 경우 그 할인된 금액) ① 포함 ○ ㉠ 건설자금이자(개인 제외) ㉡ 할부이자, 연체료(개인 제외) ㉢ 각종 부담금, 용역비, 수수료 ㉣ 약정에 의한 취득자 조건 부담액, 채무인수액 ㉤ 국민주택채권 매각차손(동일한 날 금융기관 차손한도) ㉥ 중개보수(개인 제외) ㉦ 붙박이장, 가전제품, 정원, 부속시설물 ② 포함 × ㉠ 광고선전비 ㉡ 전기·가스 등 이용자분담금 ㉢ 이주비 등 별개의 권리보상 ㉣ 부가가치세
무상승계	① 상속 : 시가표준액 ② 상속 이외 ㉠ 원칙 : 시가인정액 ㉡ 예외 : 시가표준액 ㉢ 시가표준액 1억원 이하 : 시가인정액과 시가표준액 중에서 납세자가 정하는 가액	
원시취득	① 원칙 : 사실상 취득가격 ② 법인이 아닌 자가 건축물을 건축 시 사실상 취득가격을 확인할 수 없는 경우 : 시가표준액	
간주취득	① 원칙 : 증가한 가액 ② 예외(법인이 아닌 경우) ㉠ 지목변경 : '변경된 시가표준액 − 변경 전 시가표준액' ㉡ 차량 등 종류변경 : 시가표준액 ㉢ 개수 : 원시취득과 같음	

※ 과점주주 : 법인소유 부동산 등(신탁재산 포함) 가액 × 지분율

18 합격 최종이론

구분		세율(표준세율의 50% 범위 가감조정 가능)
상속	농지	1천분의 23(2.3%)
	농지 외	1천분의 28(2.8%)
상속 외 무상승계(증여 등)		1천분의 35(3.5%) ※ 비영리사업자 : 1천분의 28(2.8%)
유상승계	농지	1천분의 30(3%)
	농지 외	1천분의 40(4%)
	주택(부속토지 포함)	• 6억원 이하 : 1천분의 10(1%) • 6억원 초과 ~ 9억원 이하 : 차등세율 • 9억원 초과 : 1천분의 30(3%)
원시취득		1천분의 28(2.8%)
공유물의 분할		1천분의 23(2.3%) ※ 본인 지분초과분의 경우 승계취득

주택(부속토지 포함) 세부표:

구분	조정지역	조정지역 외
1주택	1~3%	1~3%
2주택	8%	1~3%
3주택	12%	8%
4주택 이상	12%	12%

※ 일시적 2주택 1~3%, 법인 12%
※ 조정지역 내 3억원 이상 주택 증여 : 12%(1세대 1주택을 직계존비속 및 배우자가 증여받은 경우 등 제외)

(1) 공유지분이나 부속토지만을 소유하거나 취득하는 경우에도 주택을 소유하거나 취득한 것으로 봄

(2) 주택 수 포함

① 신탁주택
② 입주권, 분양권, 주택으로 과세되는 오피스텔

(3) 주택 수 제외

① 시가표준액 1억원 이하 주택(정비구역 등 제외), 오피스텔
② 상속개시일부터 5년 미경과 주택, 입주권, 분양권 오피스텔
③ 노인복지주택, 공공지원민간임대주택, 가정어린이집, 사택, 미분양주택, 농어촌주택, 문화유산주택, 멸실 목적 주택

(4) 중과 제외

① 시가표준액 1억원 이하 주택(정비구역 등 제외)

② 법정 부동산투자회사, 은행 등의 채권보전용

③ 노인복지주택, 공공지원민간임대주택, 가정어린이집, 사택, 미분양주택, 농어촌주택, 문화유산주택, 멸실 목적 주택

POINT 11 취득세 특례세율 및 중과세율
필살귀 026~029

1. 특례세율

(1) 중과기준세율(2%)

임시건축물(1년 초과), 시설물, 무덤, 간주취득(지목변경, 개수, 과점주주, 차량 등 종류변경), 등록면허세 납세의무 성립 이후 취득시기 도래

※ 개수로 인하여 면적 증가 시 증가부분에 대해서는 원시취득으로 봄

(2) '표준세율 – 중과기준세율(2%)'

환매, 상속(1가구 1주택, 일정한 농지), 합병, 분할(공유물분할, 이혼 시 재산분할), 이전

※ 이전 건축물의 가액 초과분은 표준세율 2.8% 적용

2. 중과세율

(1) 사치성 재산[표준세율 + (2% × 4)] : 골오선주

① 바닥면적 10배까지

② 회원제 골프장 : 토지, 건축물, 입목

③ 고급오락장과 고급주택을 신고기한 내 용도변경 시 중과배제

④ 고급주택 판정 시 다가구주택은 1구별로 공동주택 기준 적용, 겸용주택은 주택부분만 적용

(2) 과밀억제권역[표준세율 + (2% × 2)]

① 공장의 신설·증설 : 토지, 건물, 5년 내 취득하는 차량, 기계

② 법인 본점용 부동산 신축·증축 : 토지, 건물

(3) 대도시[(표준세율 × 3) – (2% × 2)]

① 공장의 신설·증설 : 토지, 건물

② 법인의 일체의 부동산 취득(단, 산업단지, 중과세 제외 업종 제외)

+PLUS 세율 적용 시 유의사항

1. 5년간 사후관리(5년 내 일반 → 중과, 비과세 → 과세)

2. 둘 이상의 세율 해당 시 : 높은 세율 적용

3. 과밀 + 대도시 : 표준세율의 3배

4. 공장 신설·증설의 경우 사업용 과세물건의 소유자와 공장을 신설하거나 증설한 자가 다를 때에는 그 사업용 과세물건의 소유자가 공장을 신설하거나 증설한 것으로 보아 중과세율을 적용

5. 공장 신·증설 시 중과 제외 : 산업·유치·공업지역, 500m² 미만 공장, 도시형 공장, 5년 경과 후 신·증설 등

POINT 12 취득세 비과세　　　　　　　　*필살키* 030

① 국가 등이 취득(대한민국 정부기관에 과세하는 외국정부는 과세)

② 기부채납 조건의 취득(조건 미이행 또는 무상사용권을 받는 경우 등은 과세)

③ 임시건축물(사치성 제외, 1년 이하)

④ 법률에 의한 환매권 행사(「징발재산 정리에 관한 특별조치법」 등)

⑤ 「신탁법」에 의한 신탁(위탁자 → 수탁자, 수탁자 → 위탁자, 수탁자 → 수탁자)

　※ 주택조합은 과세

⑥ 공동주택의 개수(9억원 이하, 대수선 제외)

⑦ 상속 당시 사용할 수 없는 차량 등

POINT 13 취득세 납세절차　　　　　　　　*필살키* 031

(1) 납세지

물건 소재지 관할 지방자치단체(특, 광, 도), 둘 이상 지방자치단체가 걸쳐 있는 경우 시가표준액 비율로 안분, 납세지가 분명하지 아니한 경우 취득물건의 소재지

(2) 과세방식 : 신고납부

① 일반 : 취득일 ~ 60일 이내

② 상속 : 상속개시일이 속하는 달의 말일 ~ 6개월(9개월) 이내

③ 증여 : 취득일이 속하는 달의 말일 ~ 3개월 이내

④ 과세유형 변경 시 : 사유발생일 ~ 60일 이내[추징세액 − 기납부세액(가산세 제외)]

※ 위 ①~④ 전에 등기·등록하려면 등기·등록접수일까지 신고납부

(3) 통보

① 부족세액 발견 시 : 다음 달 10일까지 등기·등록관서의 장은 시장·군수·구청장에게 통보

② 국가 등이 취득세 과세물건을 매각하면 매각일부터 30일 이내에 그 물건 소재지를 관할하는 지방자치단체의 장에게 통보 또는 신고

③ 채권자대위자의 신고납부가 있는 경우 납세의무자에게 그 사실을 즉시 통보

(4) 가산세

① 신고불성실·납부지연가산세

② 법인기장불성실가산세 : 10%

③ 무신고 후 매각 시 : 중가산세 80%(간주취득 및 등기를 요하지 않는 물건 제외, 각종 회원권은 적용)

④ 시가인정액 수정신고 시 가산세 배제

(5) 부가세

① 납부 시 : 농어촌특별세 10%, 지방교육세 20%

② 감면 시 : 농어촌특별세 20%

(6) 면세점 : 취득가액 50만원 이하(연부취득은 총금액, 연접부동산 취득 시 1년 통산)

(7) 분납·물납 : 없음

POINT 14 등록면허세 과세대상·납세의무자·과세표준·세율   필살키 032~034

(1) 과세대상 : 등기·등록행위

(2) 납세의무자 : 등기·등록을 받는 (외형상)권리자

(3) 과세표준 및 세율

① 표준세율(50% 가감)

구분		과세표준	세율
소유권보존		부동산가액	0.8%
소유권이전	유상	• 등기·등록 당시 신고가액 vs 시가표준액 • 면세점 이하 : 취득당시가액 • 제척기간만료 : 취득당시가액 vs 등록당시가액 (자산재평가, 감가상각 등의 경우 변경된 가액)	2%
	상속(농지 포함)		0.8%
	증여(비영리 포함)		1.5%

지상권	부동산가액	
지역권	요역지가액	
저당권, 가처분, 가압류, 경매신청	채권금액(금액 없는 경우 목적가액)	0.2%
전세권	전세금액	
임차권	월임대차금액	
가등기	부동산가액, 채권금액	
말소, 변경	건당	6,000원

　　㉠ 주택의 유상승계(1~3%)의 경우는 취득세 표준세율 × 50%

　　㉡ 세액이 6,000원 미만인 경우는 6,000원으로 함

　　㉢ 소유권등기는 취득세가 과세되지 않는 경우에만 과세

　② 중과세율 : 대도시 내 법인등기, 부동산등기는 3배 중과(산업단지, 도시형 업종 등 제외)

POINT 15 등록면허세 비과세·납세절차　　필살키 034

(1) 비과세

　① 국가 등이 등기하는 경우(대한민국 정부기관에 과세하는 외국정부는 과세)

　② 「채무자회생 및 파산에 관한 법률」에 따른 등기·등록

　③ 행정구역의 변경 등 각종 경정등기

　④ 무덤

(2) 납세절차

　① 납세지 : 부동산등기의 경우 부동산소재지

　　㉠ 해당 물건이 둘 이상의 지방자치단체에 걸쳐 있어 지방자치단체별 부과 × : 등록관청 소재지

　　㉡ 같은 담보에 둘 이상의 저당권 등 : 처음 등록하는 등록관청 소재지

　　㉢ 납세지가 분명하지 않은 경우 : 등록관청 소재지

　② 과세방식 : 신고납부

　　㉠ 일반 : 등기·등록을 하기 전까지

　　㉡ 과세유형 변경 시 : 사유발생일 ~ 60일 내[추징세액 - 기납부세액(가산세 제외)]

　③ 통보

　　㉠ 부족세액 발견 시 : 다음 달 10일까지 등기·등록관서의 장은 시장·군수·구청장에게 통보

　　㉡ 채권자대위자의 신고납부가 있는 경우 납세의무자에게 즉시 통보

④ 가산세 : 신고불성실·납부지연가산세

　　　※ 신고 × → 납부 ○ : 신고불성실가산세 없음

⑤ 부가세

　　㉠ 납부 시 : 지방교육세 20%

　　㉡ 감면 시 : 농어촌특별세 20%

⑥ 최저세액 : 6,000원 미만 시 6,000원으로 함

⑦ 분납·물납 : 없음

POINT 16 재산세 특징 및 과세대상　　필살키 035~036

(1) 특징

지방세(시·군·구, 특별시는 구와 공동과세), 보통세, 물세·인세(종합합산, 별도합산과세대상 토지), 보유세, 종가세, <u>부과주의</u>, 사실현황에 따라 부과(단, 무허가 및 일시적 이용으로 재산세 부담이 낮아지는 경우 등은 공부상 현황에 따라 부과)

(2) 과세대상 : 관할구역 내 토지, 건축물, 주택(토지 + 건축물), 선박, 항공기

① 다가구주택 : 1구를 1주택으로 봄

② 겸용주택

　　㉠ 1동 – 주거용 면적만 주택, 1구 – 주거용이 50% 이상이면 전부 주택

　　㉡ 무허가 면적이 50% 이상인 경우는 해당 건축물을 주택으로 보지 아니하고 토지는 종합합산과세대상

POINT 17 재산세 과세표준　　필살키 037

① 토지·건물 : 6/1 현재 시가표준액 × 70%(공정시장가액비율)

② 주택 : 6/1 현재 시가표준액 × 60%(단, 법령이 정한 1세대 1주택은 43 ~ 45%)

③ 선박·항공기 : 6/1 현재 시가표준액

④ 상한선 : 100분의 5

※ 표준세율은 50% 가감 조정 가능, 해당 연도만 적용

(1) 토지

① 분리과세대상 토지

　㉠ 0.07%

구분	분리과세 요건
전, 답, 과수원	ⓐ 개인소유＋영농＋도시지역 외(도시지역 내 : 개발제한구역·녹지지역·미지정지역) ⓑ 법인소유 : 종합과세. 단, 농업법인, 농어촌공사, 법인의 매립간척(영농), 종중, 사회복지사업자의 경우는 분리과세
목장용지	기준면적 이내＋축산＋도시지역 외(도시지역 내 : 1989.12.31. 이전 소유한 개발제한구역·녹지지역)
임야	생산임야(경영, 사업), 문화재보호, 상수원보호, 종중, 공원자연환경지구, 군사＋제한보호구역, 개발제한구역

　㉡ 0.2%

구분	분리과세 요건
공장용지	허가＋기준면적 이내＋군·읍·면지역, 시지역 산업·유치·공업지역(시지역 이상 주거·상업·녹지지역은 별도합산) 이외는 종합과세
산업용 토지	염전, 터미널, 국방상 목적 외 사용처분제한 공장 구내, 매립간척 4년 이내, 주택건설사업에 제공, 부동산투자회사 소유 등

　㉢ 4% : 회원제 골프장용 토지, 고급오락장용 토지

② 별도합산과세대상 토지 : 0.2 ~ 0.4%(관할구역 내 합산)

구분	별도합산과세 요건
건축물 부속	㉠ 기준면적 이내＋허가 ㉡ 건물시가표준액이 토지시가표준액의 2% 미달 시 : 바닥면적 ㉢ 철거 후 6개월 이내
공장 부속	기준면적 이내＋허가＋시지역 이상 주거·상업·녹지지역
경제활동	자동차 관련(터미널 제외), 보세창고, 물류센터, 원형보전임야, 준보전산지, 종자 연구 등

③ 종합합산과세대상 토지 : 0.2 ~ 0.5%(관할구역 내 합산)

　나대지, 기준면적 초과, 무허가건축물 부속토지, 별도·분리 요건 미충족 토지

(2) 건축물(시설 포함)

구분	세율
일반건축물	0.25%
시지역 이상 주거·상업·녹지지역 내 공장 건축물	0.5%
과밀억제권역 신·증설 공장 건축물 (산업·유치·공업지역, 500m² 미만, 도시형 제외)	1.25%(5년간)
회원제 골프장, 고급오락장 건축물	4%

(3) 주택(토지 + 건물) : $0.1 \sim 0.4\%$

※ 1세대 1주택 9억원 이하 : $0.05 \sim 0.35\%$

① 다가구주택은 1가구가 독립하여 구분사용할 수 있도록 분리된 부분을 1구의 주택, 부속토지는 건물면적의 비율에 따라 각각 나눈 면적을 1구의 부속토지로 봄

② 주택을 공동으로 소유하거나 토지와 건물의 소유자가 다를 경우 해당 주택의 토지와 건물의 가액을 합산한 과세표준에 세율을 적용

(4) 도시지역분 재산세 : 0.14%

---

(1) 원칙 : 매년 6/1 현재 사실상 소유자

① 공유재산 : 지분권자(지분표시가 없는 경우 → 균등)

② 주택의 건물과 부속토지의 소유자가 다른 경우 : 산출세액을 시가표준액 비율로 안분계산

(2) 예외

① 공부상 소유자 : 소유권 변동 및 사실상 종중재산 미신고 시, 파산재산에 속하는 재산

② 주된 상속자 : 상속등기 ×, 사실상 소유자 신고 ×

※ 주된 상속자 : 「민법」상 지분이 제일 높은 사람 → 연장자순

③ 매수계약자 : 국가 + 연부 + 무상사용권

예 국가가 선수금을 받아 매매용 토지를 조성하고 국가로부터 무상사용권을 받은 경우

④ 사업시행자 : 체비지, 보류지

⑤ 수입자 : 외국인 소유 선박, 항공기 등 임차수입

⑥ 위탁자 : 「신탁법」에 의한 신탁(수탁자 : 물적 납세의무)

⑦ 사용자 : 귀속이 분명하지 아니한 경우

① 국가 등이 소유(상호주의)

② 국가 등이 무상사용(유료로 사용 시 또는 유상이전 약정 후 미리 사용 시 과세)

③ 도로 · 하천 · 제방 · 구거 · 유지 · 묘지 : 사치성, 유상, 특정인 전용, 목적 외 사용 시 과세

④ 군사 + 통제보호구역 : 전, 답, 과수원 및 대지는 과세

⑤ 산림보호구역, 채종림, 시험림

⑥ 공원자연보존지구 임야

⑦ 백두대간보호구역 임야

⑧ 임시사용 건축물(사치성 재산 과세)

⑨ 해당 연도 철거예정 건축물(부속토지 및 사치성 재산은 과세)

(1) 납세지 : 물건 소재지(시 · 군 · 구, 특별시는 구와 공동과세)

(2) 납부기간

납부기간	내용
7월 16일 ~ 7월 31일	건물, 주택의 1/2, 선박, 항공기 (해당 연도 주택의 세액이 20만원 이하인 경우 7월에 한꺼번에 징수 가능)
9월 16일 ~ 9월 30일	토지, 주택의 1/2

① 납기개시 5일 전까지 발급(신고납부 선택 불가)

② 과세사항 변경 시 과세기준일부터 15일 이내 신고

(3) 세부담의 상한

① 직전연도 세액의 150%

② 주택의 경우 상한선 규정을 적용하지 아니한다.(과세표준상한제 도입에 따라 폐지)

(4) 소액징수면제 : 고지서 1장당 2,000원 미만

(5) 분납 : 납기별 250만원 초과, 3개월(납부기한까지 신청)

(6) 물납 : 납기별 1천만원 초과, 관할구역 내 부동산

① 납부기한 10일 전까지 신청(불승인 시 변경신청 가능)

② 물납 시 납부기한 내 납부한 것으로 봄(가산세 없음)

③ 과세기준일 현재 시가로 평가하며, 수용가액 등은 시가로 인정(가액이 둘 이상의 경우 과세기준일부터 가장 가까운 가액)

(7) 부가세 : 납부 시 지방교육세 20%(감면 시 부가세 없음)

(8) 납부유예

① 1세대1주택으로 60세 이상 또는 5년 이상 보유 + 소득요건충족 + 세액 100만원 초과의 경우 납기 3일 전까지 신청 및 담보제공

② 양도, 증여, 상속개시 등 사유발생 시 납부유예허가 취소

POINT 22 종합부동산세

필살키 051~055

1. 과세대상과 납세의무자

(1) 토지

① 재산세 종합합산과세대상 토지 : 6/1 현재 공시가격 합계 5억원 초과 소유자

② 재산세 별도합산과세대상 토지 : 6/1 현재 공시가격 합계 80억원 초과 소유자

(2) 주택 : 재산세 과세대상 주택의 소유자

(3) 기타

① 인별 과세 원칙(소유자별로 전국합산)

② 신탁재산은 위탁자가 납세의무(수탁자 : 물적 납세의무)

2. 과세표준

구분	과세표준
주택	(공시가격 합계 − 9억원) × 60% ① 1세대 1주택(단독소유) : (공시가격 − 12억원) × 60% ② 법인 : 공시가격 합계 × 60%(즉, 차감금액 없음)
종합합산 과세대상 토지	(공시가격 합계 − 5억원) × 100%
별도합산 과세대상 토지	(공시가격 합계 − 80억원) × 100%

(1) 과세표준 계산 시 합산배제주택

임대사업용 주택, 기숙사, 사택, 노인복지주택, 미분양주택, 등록문화재주택, 어린이집(5년), 향교 등

(2) 1세대 1주택 판단 시 주택 수

① 다가구주택은 1주택(단, 합산배제임대주택 신고 시 1구를 1주택)

② 1주택 + 다른 주택의 부속토지 → 1주택

③ 합산배제주택은 주택 수에서 제외(단, 임대사업용 주택은 합산배제주택 외 주택에 과세기준일 현재 주민등록·거주 시)

④ 1주택 + (상속, 일시적 2주택, 지방 저가주택) → 1주택

3. 세율 및 세액의 계산

구분	세율
주택	① 2주택 이하 : 0.5 ~ 2.7% ② 3주택 이상 : 0.5 ~ 5.0% ※ 공익법인 등이 아닌 법인은 무조건 2.7%, 5.0%
종합합산과세대상 토지	1 ~ 3%
별도합산과세대상 토지	0.5 ~ 0.7%

① 주택 수 계산 시 공동소유는 각자 소유로 계산

② 다가구주택은 1주택, 과세표준 계산 시 합산배제주택은 주택 수에서 제외

③ 상속주택, 일시적 2주택, 지방 저가주택은 주택 수에서 제외

④ 재산세와 이중과세 조정(상한선 적용받은 세액, 가감조정된 재산세 공제)

⑤ 세액공제(1세대 1주택자)

연령별 공제	공제율	보유기간 공제	공제율
만 60세 이상 65세 미만	20%	5년 이상 10년 미만	20%
만 65세 이상 70세 미만	30%	10년 이상 15년 미만	40%
만 70세 이상	40%	15년 이상	50%

※ 중복공제 가능하며 한도는 80%   ※ 배우자로부터 상속받은 경우, 멸실주택 보유기간은 통산

4. 납세절차

(1) **납세지** : 거주자의 경우 주소지 관할 세무서

(2) **과세방식** : 부과징수(정부부과) 원칙(신고납부 선택 가능)

    ① 납세기간 : 12/1 ~ 12/15(납기개시 5일 전까지 고지서 발급)

    ② 무신고가산세는 적용하지 않음(과소신고가산세, 납부지연가산세는 적용)

(3) **주택의 세부담 상한** : 150%(법인은 주택에 대한 상한선 없음)

(4) **비과세·감면 규정** : 재산세 준용

(5) **부부공동명의 1주택자** : 지분율이 높은 사람(같은 경우는 합의)을 납세의무자로 선택 가능(단독 소유로 보아 12억원 공제 및 세액 공제 가능, 9/16 ~ 9/30까지 신청)

(6) **분납** : 250만원 초과, 6개월(납부기한까지 신청, 물납 불가)

(7) **부가세** : 납부 시 농어촌특별세 20%

다음의 경우는 해당 연도 9월 16일부터 9월 30일까지 납세지 관할 세무서장에게 신고하여야 한다.

1. 과세표준 합산배제 주택을 보유한 경우
2. 1주택과 '상속주택, 일시적 2주택, 지방 저가주택'을 보유하여 1주택자로 적용받으려는 경우
3. 부부공동명의자가 1인을 납세의무자로 적용받으려는 경우

POINT 23 종합소득세   *필살키* 056~059

1. 부동산임대사업소득

(1) 임대사업소득의 범위

① 부동산(미등기부동산 포함) 또는 전세권, 임차권, 지상권 등과 같은 부동산상의 권리의 대여로 발생하는 소득

  ㉠ 지역권, 지상권의 대여소득(단, 공익사업과 관련된 지역권, 지상권의 설정, 대여소득은 기타소득)

  ㉡ 묘지를 개발하여 분묘기지권을 설정하고 분묘설치자로부터 지료 등을 받는 경우

  ㉢ 장소를 일시적으로 대여하고 받은 대가는 기타소득

  ㉣ 자기소유의 부동산을 타인의 담보물로 제공하게 하고 대가를 받는 경우

  ㉤ 광고용으로 토지, 가옥의 옥상 또는 측면을 사용하게 하고 대가를 받는 경우

  ㉥ 부동산매매업자 또는 주거용 건물개발 및 공급업자가 판매목적 부동산을 일시적으로 대여하고 얻는 소득

② 기타 임대사업소득

  ㉠ 공장재단 또는 광업재단의 대여로 인하여 발생하는 소득

  ㉡ 광업권자, 조광권자 또는 덕대가 채굴에 관한 권리를 대여함으로 인하여 발생하는 소득

(2) 비과세 부동산임대사업소득

① 논·밭을 작물재배에 이용하게 함으로써 발생하는 소득

② 비과세 주택임대소득 : 상시주거용으로 사용하는 1개의 주택(부부합산)을 소유하는 자가 해당 주택을 임대하고 받는 소득(다만, 기준시가 12억원 초과 고가주택 및 국외주택 제외)

  ㉠ 다가구주택 : 1개의 주택으로 보되, 구분 등기된 경우에는 각각을 1개의 주택으로 계산

  ㉡ 공동소유주택 : 지분이 가장 큰 사람의 소유로 계산

    ⓐ 지분이 큰 사람이 2명 이상인 경우 : 각각 소유. 다만, 합의하여 귀속자를 정한 경우에는 그의 소유로 계산

    ⓑ 소수지분자라도 다음의 경우에는 그의 소유로 계산

      ⅰ) 본인 귀속 임대수입금액이 연간 6백만원 이상인 경우

      ⅱ) 해당 공동소유주택의 기준시가가 12억원을 초과하는 경우로 100분의 30 초과 보유 시

  ㉢ 임차 또는 전세받은 주택을 전대하거나 전전세하는 경우 : 임차 또는 전세받은 자의 주택으로 봄

주택임대소득(부부합산 주택 수)

구분	임대료	간주임대료
1주택 소유	비과세(고가, 국외 제외)	비과세
2주택 소유	과세	비과세
3주택 이상 소유	과세	3억원 초과분 과세

※ 간주임대료 : 보증금을 1년 만기 정기예금이자율을 적용, 법정 산식으로 계산하여 수익으로 간주하는 금액(수입이자, 할인료 및 배당금 공제)
※ 소형주택(전용면적 40m² 이하 + 기준시가 2억원 이하)은 주택 수 산정 시 제외(2026년 말까지)

(3) 부동산임대사업소득금액의 계산

① 일반적인 경우 : 사업소득금액 = 총수입금액 – 필요경비
② 분리과세 선택 시 주택임대사업소득금액 계산

사업자등록 ○	주택임대사업소득금액 = 총수입금액 – 총수입금액의 100분의 60
사업자등록 ×	주택임대사업소득금액 = 총수입금액 – 총수입금액의 100분의 50

(4) 주택임대소득에 대한 과세방식 : 총수입금액의 합계액이 2천만원 이하인 자는 다음의 방법 중 선택

① 종합소득에 합산하여 종합과세
② 타 종합소득과 합산하지 아니하고 주택임대사업소득금액에 14%를 곱하여 분리과세

분리과세 주택임대소득을 제외한 종합소득금액이 2천만원 이하인 경우 세액의 계산

사업자등록 ○	산출세액 = (주택임대사업소득금액 – 400만원) × 14%
사업자등록 ×	산출세액 = (주택임대사업소득금액 – 200만원) × 14%

(5) 부동산임대소득의 수입시기

① 계약 또는 관습에 의하여 지급일이 정해진 경우는 그 정해진 날(약정일)
② 계약 또는 관습에 의하여 지급일이 정해지지 않은 경우는 그 지급을 받은 날

(6) 결손금, 이월결손금

① 부동산임대업에서 발생한 이월결손금은 부동산임대소득금액에서 공제
② 단, 주거용 건물임대업에서 발생한 결손금 및 이월결손금은 종합소득 과세표준 계산 시 다른 종합소득금액에서 공제할 수 있음

2. 부동산 매매업

① 부동산을 계속·반복적으로 매입·양도하는 경우(부가가치세 1과세기간에 1회 이상 취득, 2회 이상 양도)
② 비주거용 건물개발 및 공급

3. 주거용 건물개발 및 공급업(주택신축판매업, 건설업)

① 1동의 주택을 신축·판매
② 건설업자에게 도급주어 주택을 신축·판매
③ 종전부터 소유하던 토지 위에 주택을 신축하여 토지와 함께 분양
④ 신축주택의 일시적 임대 후 판매

POINT 24 · 양도소득세 특징 및 과세대상 · 납세의무자   필살기 060~063

(1) 양도소득의 의의

개인이 해당 과세기간에 일정한 자산의 양도로 발생하는 소득. 즉 양도소득세는 개인이 사업성 없이 토지, 건물 등의 소유권을 유상으로 이전함에 따라 발생하는 소득을 납세지 관할 세무서에 신고 납부하는 국세임. 다만, 사업성이 있는 경우에는 사업소득에 해당되어 종합소득세로 과세됨

(2) 과세대상(국내자산)

구분 (소득 or 그룹)	대상
부동산 등	① 부동산 : 토지, 건물(등기·허가 등과 무관하며 무조건 과세) ② 부동산에 관한 권리 　　㉠ 취득할 수 있는 권리 : 분양권, 입주권, 상환채권 등 　　㉡ 사용할 수 있는 권리 : 지상권, 전세권, '등기된' 임차권(지역권 ×) ③ 기타 부동산 관련 자산 　　㉠ 영업권, 이축권(사업용 자산과 함께 양도 시) : 별도로 양도, 별도로 평가 시 기타소득으로 과세 　　㉡ 시설물 이용권·회원권 : 골프회원권 등(일반이용자보다 유리한 조건으로 시설물 사용가능한 주식의 양도 포함) 　　㉢ 특정주식A : 50-50-50 요건 충족 시(3년간 통산) 　　㉣ 특정주식B : 골프장, 스키장 등 + 부동산 등 비율 80%↑, 1주 이상 양도
주식	대주주양도 또는 장외거래
파생상품	파생상품 등의 거래 또는 행위로 발생하는 소득
신탁수익권	신탁의 이익을 받을 권리(수익증권 및 투자신탁의 수익권 등은 제외)의 양도로 발생하는 소득

(3) 납세의무자

① 거주자 : 국내 + 국외 원천소득(국외자산 양도 시에는 5년 이상 계속하여 주소 등을 둔 경우에만 과세)

② 비거주자 : 국내 원천소득

③ 법인이 아닌 단체

POINT 25 양도의 개념과 범위

필살카 064~066

양도	양도 ✕
① 등기·등록에 관계없이 사실상 이전 ② 매매, 교환(쌍방 양도), 현물출자, 사업양도, 대물변제(위자료), 부담부증여(채무인수액), 수용 등	① 환지처분(단순 지목·지번 변경), 보류지 충당 : 청산금 수령 시에는 양도 ② 양도담보 : 변제에 충당 시 양도 ③ 공유물 단순분할 : 지분 감소분의 대가를 받았으면 양도 ④ 신탁으로 인한 이전 ⑤ 소유권 환원 : 신탁해지, 매매원인무효의 소, 이혼 시 재산분할, 경매·공매로 자기 재산을 재취득하는 경우 등 ⑥ 토지거래 허가 없이 양도 : 유동적 무효 ⑦ 지적경계선 변경 : 법률＋20% 이하 교환 시 ⑧ 직계존비속 또는 배우자와의 유상거래 　㉠ '일반양도' 및 '부담부증여 시 채무'를 증여 추정 　㉡ 공매, 파산선고, 교환, 대가지급 소명 시 유상거래 인정 　　※ 암기팁 : 공매, 파산이라는 간판은 교대역에 많이 있다.

1. 부담부증여 시 증여자의 채무를 수증자가 인수하는 경우 증여가액 중 수증자가 부담하는 채무액에 해당하는 부분을 양도로 봄

2. 배우자 간 또는 직계존비속 간의 부담부증여 시에는 채무액에 해당하는 부분을 수증자에게 인수되지 않은 것으로 추정하여 양도로 보지 않음

3. 다만, 해당 채무액이 국가 및 지방자치단체에 대한 채무 등 법령에 정하는 바에 의하여 채무인수를 객관적으로 증명하는 경우에는 양도로 봄

POINT 26 양도 또는 취득시기

필살키 067~068

취득시기	양도시기
① 대금청산일과 등기접수일 중 빠른 날, 대금청산일 불분명 시 등기접수일	① 대금청산일과 등기접수일 중 빠른 날, 대금청산일 불분명 시 등기접수일
② 상속 : 상속개시일	② 장기할부 : 인도일, 사용수익일, 등기접수일 중 빠른 날
③ 증여 : 증여를 받은 날	※ 암기팁 : 장기는 인사등
④ 점유시효취득 : 점유개시일	③ 수용 : 대금청산일, 등기접수일, 수용개시일 중 빠른 날
⑤ 자가건축물 : 사용승인서 교부일이 원칙이나, 사용승인 전 사용한 경우 사실상 사용일(무허가는 사실상 사용일)	※ 소유권에 관한 소송으로 보상금이 공탁된 경우 : 소송판결확정일
⑥ 대금청산 후 완성 : 목적물 완성일	
⑦ 환지받은 토지 : 환지 전 토지의 취득일	
※ 환지면적 증감 시 취득·양도시기 : 환지처분공고일의 다음 날	
⑧ 1984.12.31. 이전 취득 시 : 1985.1.1.(부동산 등)	

※ 매수자 부담 양도소득세 등은 양도·취득시기 판단 시 대금에 포함되지 아니함. 즉, 고려사항이 아님(양도가액 및 매수자의 취득가액에는 포함)

(1) 파산선고, 경계변경에 따른 조정금

(2) 농지의 교환, 분합에 의한 비과세

  ① 쌍방 토지가액의 차액이 큰 편의 1/4 이하

  ② 국가 등, 농업 관련 법률, 경작상 필요시(단, 교환 후 3년 이상 재촌자경)

(3) 1세대 1주택의 양도소득 비과세

  ① 양도일 현재 <u>1세대 + 국내 1주택 + 2년 이상 보유</u>하고 해당 주택 양도(고가주택 제외)

    ※ 취득 시 조정대상지역의 경우는 보유기간 중 2년 이상 거주

    ㉠ 1세대 : 부부는 언제나 동일세대, 법률상으로만 이혼은 동일세대, 30세 이상 등 요건 시 단독세대 가능

    ㉡ 1주택 : 비과세 부수토지는 도시지역 3배, 5배(도시지역 외 10배), 무허가정착면적 포함

  ② 다가구주택 : 하나의 단위로 양도 시 단독주택으로 봄

  ③ 겸용주택 : 주택 > 주택 외 → 전부 주택, 주택 ≤ 주택 외 → 주택만 주택

    ※ 비과세 적용이 안 되는 경우에는 주택만 주택

  ④ 공동소유 시 각각 주택 소유(동일세대원이면 1주택), 공동상속의 경우 지분이 가장 큰 자 등, 2주택 이상 같은 날 양도 시 <u>선택</u>

  ⑤ <u>보유기간 및 거주기간의 제한 ×</u>

    ㉠ 건설임대주택 : 임차일 ~ 양도일까지 5년 이상

    ㉡ 수용, 세대전원 출국 시(출국일 ~ 2년 이내), 부득이하게 다른 시·군 이전 시(1년 이상 거주)

    ㉢ 조정지역 지정 전 매매계약 + 계약금 지급 시 무주택(거주기간만 제한 ×)

(4) 1세대 1주택의 특례(해당 주택은 양도 시 비과세요건 충족해야 함)

  ① 일시적 2주택 : 종전주택 취득 후 1년 이상 경과 후 신규주택 취득, <u>3년 이내</u> 종전주택 양도

    ㉠ 법인·공공기관 수도권 외 이전 시 : <u>5년 이내</u>

    ㉡ 부득이한 사유(질병요양 등) : <u>사유해소일부터 3년 이내</u>

  ② 상속으로 인한 1세대 2주택 : <u>1주택을 소유한</u> 별도 세대원이 상속받은 후 <u>일반주택 양도 시</u>(상속받은 주택 양도 시 과세)

  ③ 동거봉양 합가 시(60세 이상 직계존속) : 각각 주택을 소유한 별도 세대가 합가 후 10년 내 먼저 양도하는 주택

  ④ 혼인의 경우 : 각각 주택을 소유한 자가 합가 후 5년 내 먼저 양도하는 주택

  ⑤ 일반주택 + 문화재/농어촌주택(상속, 이농, 귀농) : 일반주택 양도 시(단, 귀농주택은 5년 내)

  ⑥ 거주주택 + 임대주택/가정용 어린이집 : 2년 이상 거주주택 양도 시(임대주택은 생애 최초 1회만 적용)

(5) 주택 + 입주권 등

① 입주권으로 전환된 1주택 : 관리처분계획 인가일 현재 비과세 요건 충족 시

② ①의 요건 충족 후 + 신규주택 취득 + 3년 이내 입주권 양도 시

③ 종전주택 + 입주권(분양권) 취득 + 종전주택 양도 시

　　㉠ 1년 이상 경과 후 입주권을 취득하고 3년 내 종전주택 양도 시

　　㉡ 3년이 지나 종전주택 양도 시

　　　　ⓐ 완공 후 3년 내 종전주택 양도

　　　　ⓑ 완공 후 3년 내 세대원 전원 이사, 입주 후 1년 이상 거주

POINT 28 양도차익의 계산　　　　　　　　*필살키* 075~081

(1) 양도소득세 계산구조

	양도가액
−	필요경비[취득가액 + 기타 필요경비(자본적 지출액, 양도비용)]
=	양도차익
−	장기보유특별공제
=	양도소득금액
−	양도소득기본공제
=	양도소득 과세표준
×	세율
=	산출세액

(2) 양도차익의 계산(실지거래가액을 적용하는 것이 원칙)

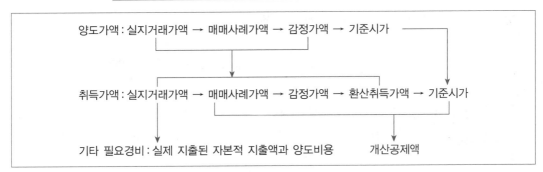

① 실지거래가액은 등기부상 거래가액으로 추정할 수 있음

② 실지취득가액은 취득 시 부대비용 포함(취득세 등은 증빙 없어도 인정)

③ 자본적 지출액과 양도비용은 적격증빙 수취 또는 금융거래 소명 시 인정

필요경비 인정	필요경비 인정 ×
㉠ 소송비용, 화해비용 ㉡ 부가가치세 ㉢ 대금지급방식에 따른 이자상당액 　※ 취득대금 대출금이자는 제외 ㉣ 수익자부담금, 개발부담금, 재건축부담금 등 ㉤ 내용연수 연장, 자산가치를 증가시키기 위한 수선비 ㉥ 기부채납 도로가액 ㉦ 조건이행 명도비용 ㉧ 중개보수, 양도세 신고수수료 ㉨ 국민주택채권 매각차손(동일한 날 금융기관 차손한도)	㉠ 타 소득금액 계산 시 산입금액(필요경비로 산입한 현재가치할인차금, 감가상각비는 취득가액에서 차감) ㉡ 공제받은 부가가치세 ㉢ 연체이자 ㉣ 수익적 지출

④ 필요경비 개산공제
　㉠ 부동산 : 취득 당시 기준시가 × 3%(미등기 0.3%)
　㉡ 지상권, 전세권, 등기된 임차권 : 취득 당시 기준시가 × 7%
　㉢ 기타 : 취득 당시 기준시가 × 1%
⑤ 취득가액을 실지거래가액으로 적용한 경우에만 기타 필요경비도 실지 지출한 금액 적용
⑥ 취득가액을 환산취득가액으로 적용 시 '환산취득가액 + 개산공제'와 '실지 자본적 지출액 + 양도비' 중 선택 가능

양도차익 계산의 특례　　　　*필살키* 082~087

(1) 고가주택·고가입주권의 양도차익 계산 특례

$$\text{고가주택(입주권)의 양도차익} = \text{총양도차익} \times \frac{\text{양도가액} - 12\text{억원}}{\text{양도가액}}$$

예 양도가액 15억원, 취득가액 10억원의 경우

$$\text{양도차익} = 5\text{억원} \times \frac{15\text{억원} - 12\text{억원}}{15\text{억원}} = 1\text{억원}$$

(2) 부담부증여 자산 양도차익 계산 특례

증여가액 중 채무액에 상당하는 비율을 곱해 구함

㉝ 1억원에 취득한 토지를 부담부증여(증여가액 5억원, 채무액 3억원)

양도가액 $= 5억원 \times \dfrac{3억원}{5억원} = 3억원$, 취득가액 $= 1억원 \times \dfrac{3억원}{5억원} = 6천만원$

따라서 양도차익은 2.4억원

(3) 부당행위계산 부인(거래가액을 부인하고 시가대로 과세)

특수관계자와의 거래 + 시가와 거래가액의 차이가 3억원 혹은 시가의 5% 이상

(4) 증여 후 10년 이내 양도 시 부당행위계산 부인과 이월과세 비교

구분	부당행위	이월과세
수증자	특수관계인	직계존비속, 배우자
적용대상	모든 자산	토지, 건물, 특정시설물 이용·회원권, 분양권·입주권 등 부동산을 취득할 수 있는 권리 등
납세의무자	당초 증여자(증여행위를 부인)	수증자
증여세 처리	부과하지 아니함	필요경비산입
연대납세의무	있음	없음
취득가액·시기	당초 증여자 기준	당초 증여자 기준
배제	수증자에게 양도소득이 실지 귀속 시	① 수용 ② 사망 ③ 1세대 1주택 ④ 이월과세 적용 < 적용 ×

POINT 30 양도소득금액의 계산 필살키 088~089

```
            양도차익
        - 장기보유특별공제
        = 양도소득금액
```

(1) 장기보유특별공제

① 국내 소재 토지, 건물, 조합원입주권(조합원으로부터 취득한 경우 제외)

② 3년 이상 보유

③ 국외, 미등기 적용 제외

④ 보유기간 × 2%(30% 한도)

⑤ 1세대 1주택인 고가주택, 고가조합원입주권 : 보유기간 × 4% + 거주기간 × 4%

[각각 40% 한도, 2년 이상 미거주 시 일반공제율(30% 한도)을 적용]

⑥ 보유기간 계산(취득일 ~ 양도일)

구분	장기보유특별공제	세율 적용 시
일반상속	상속개시일 ~ 양도일	피상속인 취득일 ~ 양도일
조합원입주권	주택취득일 ~ 관리처분계획인가일 등	주택취득일 ~ 입주권양도일

※ 이월과세 : 증여자의 취득일 ~ 수증자의 양도일

(2) 양도소득금액의 계산

① 양도차손 발생 시 다음 자산의 양도소득금액에서 순차로 공제

> ㉠ 양도차손이 발생한 자산과 같은 세율을 적용받는 자산의 양도소득금액
>
> ㉡ 양도차손이 발생한 자산과 다른 세율을 적용받는 자산의 양도소득금액. 이 경우 다른 세율을 적용받는 자산의 양도소득금액이 2 이상인 경우에는 각 세율별 양도소득금액의 합계액에서 당해 양도소득금액이 차지하는 비율로 안분하여 공제

② 결손금 발생 시 다른 소득금액에서 공제 및 차기 이월 불가

POINT 31 양도소득 과세표준의 계산　　*필살키* 090

양도소득금액
－ 양도소득기본공제
＝ 양도소득 과세표준

양도소득기본공제

① 모든 자산(소득별 공제, 자산별 ×)
② 보유기간 제한 없음
③ 미등기자산 적용 제외(국외 양도자산은 적용)
④ 소득별 연 250만원 한도
⑤ 감면 외 소득금액에서 우선 공제, 먼저 양도한 자산의 소득금액에서부터 순서대로 공제

POINT
32 양도소득세 세율 · *필살귀* 091~092

(1) 부동산 등

① 미등기 : 70%

② 1년 미만 : 50%

③ 1년 이상 2년 미만 : 40%

④ 기본세율 : 6 ~ 45%

⑤ 비사업용 토지 : 기본세율 + 10%(투기지정지역 20%)

(2) 주택, 조합원입주권

① 미등기 : 70%

② 1년 미만 : 70%

③ 1년 이상 2년 미만 : 60%

④ 기본세율 : 6 ~ 45%

⑤ 조정지역 2주택 : 기본세율 + 20%(2년 이상 보유 시 2025.5.9.까지 기본세율)

⑥ 조정지역 3주택 이상 : 기본세율 + 30%(2년 이상 보유 시 2025.5.9.까지 기본세율)

(3) 분양권

① 1년 미만 : 70%

② 1년 이상 : 60%

POINT
33 양도소득세 불이익규정 · *필살귀* 093~094

(1) 중과제도(2025. 5. 9.까지 다주택에 대한 중과 유예)

구분	미등기	비사업용 토지	조정 + 2주택	조정 + 3주택
세율	70%	기본 + 10%(20%)	기본 + 20%	기본 + 30%
장기보유특별공제	×	○	✕ ○	✕ ○
양도소득기본공제	×	○	○	○

(2) 미등기자산에 대한 제재

① 세율 70%, 장기보유특별공제 및 양도소득기본공제 ×, 저율의 개산공제, 비과세나 감면 적용 불가

② 다만, ㉠ 등기 불가능 시, ㉡ 비과세 · 감면대상 농지, ㉢ (무허가) 1세대 1주택, ㉣ 도시개발사업 종료 전 양도, ㉤ 체비지의 환지처분공고 전 양도 시는 미등기로 보지 아니함

(1) 납세지

① 거주자 : 주소지 관할 세무서

② 비거주자 : 사업장 소재지, 국내원천소득 발생장소순

(2) 신고납부 원칙

① 예정신고(차익이 없거나 차손 발생 시에도 신고)

　ⓐ 양도일이 속한 달의 말일부터 2개월 이내(부담부증여 시 3개월)

　ⓑ 허가일(해제일)이 속한 달의 말일부터 2개월 이내(토지거래허가구역)

② 확정신고(결손 또는 과세표준이 없는 경우에도 신고)

　ⓐ 1/1 ~ 12/31 양도분에 대해 다음 연도 5/1 ~ 5/31까지

　ⓑ 허가일(해제일)의 다음 연도 5/1 ~ 5/31까지(토지거래허가구역)

(3) 분납

1천만원 초과 시 → 2개월, 예정신고 시에도 가능

(4) 가산세

① 신고(무신고, 과소신고), 납부지연가산세

② 감정가액 또는 환산취득가액 가산세 : 신축·증축 이후 5년 이내 양도 시 취득가액을 감정가액, 환산취득가액 적용 시 그 가액의 5%, 산출세액이 없는 경우에도 적용

예정신고	확정신고	비고
○	×	예정신고를 한 자는 해당 소득에 대한 확정신고를 하지 아니할 수 있음
○	○	누진세율 적용대상 예정신고를 합산하지 않은 경우 및 산출세액이 달라지는 경우 확정신고를 해야 함
×	○	가산세 있음, 신고 관련 가산세 50% 감면
×	×	무신고가산세를 중복하여 적용하지는 아니함

(5) 부가세

감면 시 농어촌특별세 20%(납부 시 지방소득세 별도 신고 → 주소지)

① 납세의무자 : 국내 5년 이상 주소 등을 둔 거주자

② 양도차익 산정 : 실지거래가액(예외 : 시가 → 「상속세 및 증여세법」상 평가액), 지출·수령 당시 환율로 환산

③ 외국에는 등기제도, 기준시가 없다고 가정

　　㉠ 장기보유특별공제 × / 미등기 양도 시 제재 × / 단기세율 없음(6 ~ 45%), 양도소득기본공제는 적용

　　㉡ 필요경비 개산공제 적용 ×

④ 이중과세 조정 : 필요경비 산입 또는 외국납부세액공제(선택)

⑤ 환차익은 양도소득에서 제외

마무리

100선

필살키 pp.10~13   합격서 pp.66~67

필살키 001   분납과 물납

부동산 관련 조세 중 물납이 가능한 조세는?

① 양도소득세
② 종합소득세
③ 소방분 지역자원시설세
④ 종합부동산세
⑤ 재산세

해설

물납이 가능한 조세는 '재산세, 상속세(증여세 제외) 등'이 있다. 문제에 주어진 보기 모두 분할납부가 가능하지만 물납이 가능한 세목은 재산세밖에 없으며 1천만원 초과 시 관할구역 내 부동산으로 신청가능하다.

+PLUS   **조세의 개념**

조세란 국가 또는 지방자치단체가 재정수입조달을 위해 과세요건을 충족한 개인 또는 법인에게 반대급부없이 부과하는 금전급부를 말한다.

정답 ⑤

필살키 pp.10~13   합격서 p.10

필살키 002   국세부과의 원칙

국세부과의 원칙에 관한 설명으로 **틀린** 것은?

① 과세를 함에 있어 형식과 실질이 다른 경우 실질에 따라 과세해야 한다.
② 납세의무를 이행함에 있어 신의에 따라 성실하게 해야 한다. 또한 세무공무원도 그 직무를 수행할 때 성실히 수행하여야 한다.
③ 해당 국세 과세표준의 조사와 결정은 그 장부에 의하여 하여야 하고, 장부의 기록내용이 사실과 다르거나 장부의 기록이 누락된 것이 있을 때에는 그 부분에 대해서만 과세권자가 결정할 수 있다.
④ 국세감면 후 감면취지 성취를 위해 자산운용의 범위를 정할 수 있는데 이를 위반 시 감면을 취소하고 징수할 수 있다.
⑤ 납세의무가 성립한 이후에는 새로운 세법에 따라 소급하여 과세하지 아니한다.

해설

① 실질과세의 원칙
② 신의성실의 원칙
③ 근거과세의 원칙
④ 조세감면의 사후관리
⑤ 소급과세 금지의 원칙(세법적용의 원칙에 해당됨)

정답 ⑤

필살키 003 조세의 분류

조세의 분류로 잘못 분류된 것은?

① 과세권에 따른 분류 : 국세, 지방세
② 조세부담 전가에 따른 분류 : 직접세, 간접세
③ 조세수입 용도에 따른 분류 : 보통세, 목적세
④ 인적 귀속에 따른 분류 : 종가세, 종량세
⑤ 조세의 독립성에 따른 분류 : 독립세, 부가세

해설

인적 귀속 여부에 따라서 인세와 물세로 분류하며, 과세표준 표시방법에 따라 종가세와 종량세로 분류한다.

+PLUS 조세의 분류

분류기준	내용
과세권	국세, 지방세
조세부담 전가	직접세, 간접세
조세수입 용도	보통세, 목적세
인적 귀속 여부	인세, 물세 (재산세는 인세, 물세 동시해당)
조세의 독립성	독립세, 부가세
과세표준 표시방법	종가세, 종량세(등록면허세 중 변경, 말소 등)

정답 ④

필살키 004 단계별 부과조세

양도단계에서 과세될 수 있는 조세항목으로 옳은 것은?

① 양도소득세, 농어촌특별세, 인지세
② 지방교육세, 농어촌특별세, 종합소득세
③ 종합소득세, 재산세, 농어촌특별세
④ 취득세, 종합부동산세, 재산세
⑤ 농어촌특별세, 종합부동산세, 인지세

해설

취득단계	• 취득세 • 등록면허세(취득세 면세점, 제척기간 만료) • 상속세/증여세 • 농어촌특별세/지방교육세 • 인지세
보유단계	• 재산세(소방분 지역자원시설세) • 종합부동산세 • 종합소득세(임대업 등) • 지방소득세 • 농어촌특별세/지방교육세
양도단계	• 양도소득세 • 종합소득세(매매업 등) • 지방소득세 • 농어촌특별세 • 인지세

+PLUS 부동산 활동별 부과세목 유의사항

• 모든 단계 : 부가가치세(지방소비세), 농어촌특별세
• 취득·보유단계 : 지방교육세
• 보유·양도단계 : 종합소득세, 지방소득세

정답 ①

필살키 005　용어의 정의

「지방세기본법」에 따른 용어의 정의로 옳은 것은 모두 몇 개인가?

> ㉠ '세무공무원'이란 지방자치단체의 장 또는 지방세의 부과·징수 등에 관한 사무를 위임받은 공무원을 말한다.
> ㉡ '납세자'란 납세의무자(연대납세의무자와 제2차 납세의무자 및 보증인 제외)와 특별징수의무자를 말한다.
> ㉢ '특별징수'란 세무공무원이 납세고지서를 납세자에게 발급하여 지방세를 징수하는 것을 말한다.
> ㉣ '지방자치단체의 징수금'이란 지방세 및 체납처분비를 말한다.

① 0개
② 1개
③ 2개
④ 3개
⑤ 4개

필살키 006　서류의 송달

서류의 송달에 관한 설명으로 틀린 것은?

① 납세의무자가 교도소, 구치소 또는 유치장에 체포, 구속되어 있는 경우에는 교도소장, 구치소장 등에게 송달한다.
② 서류의 송달을 받아야 할 자 또는 그 사용인이 정당한 사유 없이 서류의 수령을 거부하면 공시송달할 수 있다.
③ 공시송달의 경우 서류의 요지를 공고한 날부터 14일이 지나면 서류의 송달이 된 것으로 본다.
④ 송달을 받아야 할 자의 주소 또는 영업소가 국외에 있어 그 송달이 곤란한 경우 공시송달할 수 있다.
⑤ 서류를 받아야 할 자의 주소 또는 영업소가 분명하지 아니한 경우 공시송달할 수 있다.

해설

㉡ '납세자'란 납세의무자(연대납세의무자와 제2차 납세의무자 및 보증인을 포함)와 특별징수의무자를 말한다.
㉢ '보통징수'에 대한 설명이다. '특별징수'란 지방세를 징수할 때 편의상 징수할 여건이 좋은 자로 하여금 징수하게 하고 그 징수한 세금을 납부하게 하는 것을 말한다.

정답 ③

해설

서류의 송달을 받아야 할 자 또는 그 사용인이 정당한 사유 없이 서류의 수령을 거부하면 <u>서류를 받아야 할 장소에 둘 수 있다.</u>

정답 ②

필살키 007   가산세

가산세에 관한 설명으로 틀린 것은?

① 가산세는 가산세가 부과되는 해당 세액의 세목으로 한다. 다만, 해당 조세를 감면하는 경우에는 가산세는 그 감면대상에 포함하지 아니하는 것으로 한다.

② 납세고지서에 따른 국세를 납부기한까지 완납하지 아니한 경우 납부하지 아니한 세액 또는 과소납부분 세액의 100분의 3을 가산세로 부과한다.

③ 국세로서 납세고지서에 따른 고지세액이 납세고지서별, 세목별 150만원 미만인 경우 납부기한의 다음 날부터 납부지연가산세를 적용하지 아니한다.

④ 법정신고기한이 지난 후 1개월 초과 3개월 이내에 기한후신고한 경우 무신고가산세의 100분의 20에 상당하는 금액을 감면한다.

⑤ 법정신고기한이 지난 후 1개월 초과 3개월 이내에 수정신고한 경우 과소신고가산세의 100분의 75에 상당하는 금액을 감면한다.

해설

법정신고기한이 지난 후 1개월 초과 3개월 이내에 기한후신고한 경우 무신고가산세의 <u>100분의 30</u>에 상당하는 금액을 감면한다.

+PLUS   가산세

신고납부세목(국세, 지방세 공통)	고지(보통)징수세목(신고 관련 가산세 없음)	
신고불성실가산세	국세	지방세
① 무신고(20%, 사기 등 40%) ② 과소신고(10%, 사기 등 40%)	고지지연가산세 3%	
납부지연가산세 1일 22/100,000	납부지연가산세 1일 22/100,000 (5년, 150만원 미만 미적용)	납부지연가산세 1개월 66/10,000 (60개월, 45만원 미만 미적용)

※ 가산세는 해당 세목으로, 조세감면 시 감면대상에 포함하지 않음
※ 가산세의 감면 : 무신고가산세(6개월 내 50%, 30%, 20%), 과소신고가산세(2년 내 90%, 75%, 50%, 30%, 20%, 10%)

정답 ④

필살키 008　납세의무의 성립시기

납세의무의 성립시기에 관한 설명으로 틀린 것은?

① 양도소득세 : 과세기간의 종료일
② 농어촌특별세 : 과세기준일(매년 6월 1일)
③ 주민세 : 과세기준일(매년 7월 1일)
④ 중간예납하는 소득세, 법인세, 지방소득세 : 중간예납기간이 끝나는 때
⑤ 수시부과하는 조세 : 수시부과하여야 할 사유가 발생하는 때

해설
농어촌특별세는 본세의 납세의무가 성립하는 때 납세의무가 성립한다.

정답 ②

필살키 009　납세의무의 확정시기

납세의무의 확정시기가 다른 하나는?

① 취득세
② 등록면허세
③ 양도소득세
④ 재산세
⑤ 신고방식을 선택한 종합부동산세

해설
①②③⑤ 과세표준과 세액을 신고할 때 납세의무가 확정된다.
④ 재산세는 과세관청이 세액을 결정할 때 납세의무가 확정된다.

＋PLUS　종합부동산세의 납세의무 확정시기

종합부동산세는 과세권자가 결정할 때 납세의무가 확정되나 신고방식 선택 시에는 신고서를 제출할 때 확정된다.

정답 ④

필살키 pp.13~14　합격서 p.15

필살키 010　납세의무의 소멸

납세의무의 소멸에 관한 설명으로 틀린 것은?

① 부담부증여에 대한 양도소득세를 무신고한 경우 제척기간은 15년이다.

② 상속, 증여를 원인으로 취득한 토지의 취득세 과세표준 신고를 하지 아니한 경우 제척기간은 15년이다.

③ 5억원 이상(가산세 제외)의 국세, 5천만원 이상(가산세 제외)의 지방세의 소멸시효는 10년이다.

④ 납세고지, 독촉 및 납부최고, 교부청구, 압류 시 소멸시효는 중단된다.

⑤ 법인의 합병, 상속은 납세의무 소멸사유에 해당되지 아니한다.

해설

상속, 증여를 원인으로 취득한 토지의 취득세 과세표준 신고를 하지 아니한 경우 제척기간은 <u>10년</u>이다.

+PLUS　제척기간 계산 특례

1. 부담부증여 시 양도소득세의 부과제척기간은 증여세 부과제척기간과 동일하게 적용된다.

2. 취득관련 지방세의 무신고 시 다음의 경우는 10년의 부과제척기간을 적용한다.
   ① 상속 또는 증여를 원인으로 취득한 경우
   ② 명의신탁약정으로 실권리자가 사실상 취득한 경우
   ③ 타인명의로 주식을 취득하여 과점주주가 되어 간주취득세가 과세되는 경우

정답 ②

필살키 p.14　합격서 p.16

필살키 011　조세우선권 및 배당순서(1)

조세우선권 및 배당순서에 관한 설명으로 옳은 것은?

① 지방자치단체 징수금의 징수순위는 지방세, 가산세, 체납처분비순이다.

② 국세 및 지방세의 고지에 의한 세액의 법정기일은 과세관청의 결정일이다.

③ 조세채권 간 우선순위는 납세담보와 관련된 조세, 압류와 관계된 조세, 교부청구한 조세 순이다.

④ 매각대금 배분 시 당해 재산에 부과된 재산세는 법령에 의한 소액보증금에 우선하여 징수한다.

⑤ 매각대금 배분 시 당해 재산에 부과된 취득세는 당해 재산에 설정된 저당권보다 우선하여 징수한다.

해설

① 지방자치단체 징수금 징수순위는 <u>체납처분비, 지방세, 가산세순</u>이다.

② 국세 및 지방세의 고지에 의한 세액의 법정기일은 <u>고지서 발송일</u>이다.(신고하는 세목은 신고일)

④ 매각대금 배분 시 당해 재산에 부과된 재산세는 법령에 의한 소액보증금에 <u>우선하지 못한다.</u>

⑤ 취득세는 당해세에 해당하지 아니하므로 <u>법정기일과 저당권설정일을 비교하여 우선순위를 판단</u>한다.

정답 ③

필살키 012   조세우선권 및 배당순서(2)

상가건물 매각 시 해당 자산과 관련된 채권의 설정일과 관계없이 항상 우선하는 세목으로 모두 묶인 것은? (단, 아래 세목은 해당 상가건물에 부과되었음)

ⓧ 상속세 및 증여세
ⓝ 소방분 지역자원시설세
ⓒ 부동산 임대소득에 관한 종합소득세
ⓔ 양도소득세
ⓜ 재산세에 부가되는 지방교육세

---

① ©, ②
② ㉠, ㉡, ©
③ ㉠, ㉡, ㉤
④ ㉡, ©, ②
⑤ ©, ②, ㉤

해설

© ② 종합소득세, 양도소득세는 당해세에 해당하지 아니한다.

| +PLUS | 당해세 |

상속세 및 증여세, 종합부동산세(농어촌특별세), 재산세(지방교육세), 소방분 지역자원시설세 및 가산세

※ 취득세, 등록면허세, 종합소득세, 양도소득세 등은 당해세에 해당하지 않음

정답 ③

필살키 013   조세불복절차

「지방세기본법」상 불복절차와 관련된 내용으로 틀린 것은?

① 불복절차는 원칙적으로 1심급이나 이의신청을 거치는 경우에는 예외적으로 2심급이 된다.
② 이의신청 또는 심판청구 금액이 8백만원인 경우 그 배우자, 4촌 이내의 혈족 또는 그 배우자의 4촌 이내의 혈족을 대리인으로 선임할 수 있다.
③ 천재지변, 사변, 화재 등의 사유로 이의신청 또는 심판청구를 기간 내에 제기할 수 없을 때에는 그 사유가 소멸한 날부터 14일 이내에 할 수 있다.
④ 과태료의 부과, 통고처분 등은 불복청구 제외 대상이다.
⑤ 이의신청 또는 심판청구는 그 처분의 집행에 효력이 미치지 아니한다. 다만, 압류한 재산에 대해서는 불복에 관한 결정처분이 있는 날부터 60일까지 그 공매처분을 보류할 수 있다.

해설

이의신청 또는 심판청구는 그 처분의 집행에 효력이 미치지 아니한다. 다만, 압류한 재산에 대해서는 불복에 관한 결정처분이 있는 날부터 30일까지 그 공매처분을 보류할 수 있다.

정답 ⑤

필살키 p.16 합격서 p.18

필살키 014 취득세 특징

취득세의 특징에 관한 설명으로 틀린 것은?

① 취득세는 지방세로서 특별시, 광역시, 도세, 특별자치시, 특별자치도세이다.

② 취득세는 물세 및 인세의 특징을 지니고 있다.

③ 취득세는 재화의 이전단계에 과세하는 유통세이고, 재화의 취득행위에 대하여 과세하는 행위세이다.

④ 취득세는 납세의무자가 과세표준과 세액을 신고함으로써 납세의무가 확정된다.

⑤ 취득세는 과세대상 물건 취득 시 사실현황에 따라 부과한다. 다만, 사실현황이 분명하지 아니한 경우에는 공부상 현황에 따른다.

해설

취득세는 물건별로 과세하는 물세로서의 특징만을 가지고 있다.

+PLUS 물세, 인세의 구분

세목	구분
취득세	물세
등록면허세	물세
재산세	물세 및 인세(토지)
종합부동산세	인세
양도소득세	인세

정답 ②

필살키 p.16 합격서 p.19

필살키 015 취득세 과세대상

취득세의 과세대상에 관한 설명으로 틀린 것은?

① 토지는 지적공부상 지목이 등재된 토지만이 취득세 과세대상이다.

② 건축물은 「건축법」상의 건축물을 말하며 허가 유무, 등기·등재 유무에 관계없이 과세대상이 된다.

③ 건축물에 승강기, 금고 등을 설치하는 경우 취득세 과세대상이다.

④ 제조회사의 제조장비는 취득세 과세대상이 아니다.

⑤ 골프회원권을 증여받은 경우 취득세 과세대상이다.

해설

취득세 과세대상인 토지는 지적공부의 등록대상이 되는 토지와 그 밖에 사용되고 있는 사실상의 토지를 말한다.

정답 ①

필살키 016   취득의 개념 및 유형(1)

유상승계취득의 개념에 관한 설명으로 옳은 것은 모두 몇 개인가?

> ⊙ 부동산을 교환하는 경우 쌍방이 모두 취득자가 된다.
> ⓒ 연부란 대금을 2년 이상에 걸쳐 일정액씩 분할하여 지급하는 것을 말하며 이 경우 계약보증금부터 매회 연부금 지급 시마다 취득으로 본다.
> ⓒ 법인의 증자 시 토지를 현물출자하는 경우 출자자가 취득세 납세의무자가 된다.
> ⓔ 부부간 이혼 시 위자료로 금전 대신 부동산을 받은 경우 대물변제에 의한 유상승계취득에 속한다.
> ⓜ 부담부증여에 있어 수증자가 채무를 인수하는 경우 그 채무액에 해당하는 부분은 유상승계취득으로 본다.

① 1개   ② 2개
③ 3개   ④ 4개
⑤ 5개

해설

ⓒ 법인의 증자 시 토지를 현물출자하는 경우 법인이 취득세 납세의무자가 된다.

정답 ④

필살키 017   취득의 개념 및 유형(2)

「지방세법」상 부동산의 무상취득으로 보지 않는 것은?

① 직계존속의 사망으로 토지를 승계취득한 경우
② 배우자의 주택을 공매로 취득한 경우
③ 부부간 이혼 시 「민법」에 의한 재산분할로 상가건물을 취득한 경우
④ 사회복지법인이 독지가의 기부에 의해 상가건물을 취득한 경우
⑤ 직계존비속 간의 부담부증여에 있어 채무액에 해당하는 부분을 제외한 나머지 부분

해설

배우자 및 직계존비속 간으로부터의 취득은 무상취득으로 보지만 '공매(경매), 파산선고, 교환, 대가지급사실증명 등'은 유상거래로 본다.

＋PLUS 부담부증여

구분		유·무상거래
일반	채무인수부분	유상
	이외부분	무상
배우자, 직계존비속	채무인수부분	무상추정(실제인수 사실 증명 시 유상)
	이외부분	무상

정답 ②

필살키 018   취득의 개념 및 유형(3)

취득세에 관한 설명으로 틀린 것은?

① 건축물의 개수로 인하여 건축물 면적이 증가할 때에는 그 증가된 부분에 대하여 원시취득으로 보아 세율을 적용한다.

② 「민법」상 점유시효취득은 원시취득에 속한다.

③ 토지의 지목변경 시 가액증가 여부에 관계없이 무조건 취득세 과세대상이다.

④ 비상장법인의 설립 시 주식 또는 지분을 취득함으로써 과점주주가 된 경우에는 취득세 과세대상이 아니다.

⑤ 부동산 등을 공유자 간 분할하여 취득한 경우에도 취득으로 보아 취득세가 과세된다.

해설

토지의 지목변경 시 그 가액이 증가한 경우 그 증가한 가액에 대해 취득으로 본다.

정답 ③

필살키 019   취득세 납세의무자

「지방세법」상 취득세 납세의무에 관한 설명으로 옳은 것은 모두 몇 개인가?

⊙ 등기·등록하지 아니한 경우라도 사실상 취득하면 취득한 것으로 보아 취득물건의 소유자 또는 양수인을 취득자로 한다.

ⓒ 상속으로 인하여 취득하는 경우 상속인 각자가 취득한 것으로 본다. 또한 공동상속의 경우에 해당 상속인은 공동소유자로서 연대납세의무를 진다.

ⓒ 조합이 건축한 조합원용 주택 중 조합원에게 귀속되지 아니하는 부동산은 해당 조합이 취득한 것으로 한다.

ⓔ 상속분이 확정되어 등기된 후 재분할한 결과 당초 상속분을 초과취득하는 경우 증여받아 취득한 것으로 본다.

ⓜ 과점주주에 대해 간주취득세 과세 시 각자의 지분에 대하여 납세의무를 지며 이들은 상호 연대납세의무가 있다.

① 1개   ② 2개

③ 3개   ④ 4개

⑤ 5개

해설

모두 옳은 지문이다.

정답 ⑤

필살키 020　취득의 유형 및 납세의무자

「지방세법」상 취득세 납세의무가 있는 경우는?

① 주문하여 건조한 선박을 선박회사로부터 승계취득한 경우

② 유상승계취득한 토지를 등기·등록하지 아니하고 취득일부터 60일 이내에 부동산 거래신고 관련 법령에 따른 부동산계약해제 등 신고서로 계약이 해제된 사실이 입증되는 경우

③ 부부간 이혼 시 재산분할로 취득한 재산을 다시 반환한 경우

④ 과점주주 상호 간 주식거래가 있었으나 과점주주 전체 지분비율이 증가하지 아니한 경우

⑤ 지방자치단체가 과세대상 물건을 취득하는 경우

해설

① 차량, 기계장비, 항공기 및 주문에 의해 건조하는 선박은 승계취득인 경우에만 취득세를 과세한다.

②③④ <u>취득으로 보지 아니하는 경우</u>에 해당한다.

⑤ <u>비과세</u>에 해당한다.

정답 ①

필살키 021　취득시기[1]

「지방세법」상 취득세의 취득시기에 관한 설명으로 옳은 것은 모두 몇 개인가?

> ㉠ 유상승계취득 시 사실상의 잔금지급일을 확인할 수 없는 경우에는 계약서상의 잔금지급일과 등기·등록일 중 빠른 날을 취득시기로 한다.
>
> ㉡ ㉠의 경우 계약서상 잔금지급일이 명시되지 아니한 경우 계약일로부터 30일이 경과되는 날을 잔금일로 본다.
>
> ㉢ 증여를 원인으로 토지를 취득한 경우 해당 과세물건을 등기·등록하지 않고 취득일이 속하는 달의 말일로부터 3개월 이내에 화해조서로 계약이 해제된 사실이 입증되는 경우에는 취득한 것으로 보지 않는다.
>
> ㉣ 연부취득 시 그 사실상의 연부금(계약보증금 포함)지급일과 등기·등록일 중 빠른 날을 취득시기로 본다.

① 0개　　　　　② 1개

③ 2개　　　　　④ 3개

⑤ 4개

해설

㉡ 계약서상 잔금지급일이 명시되지 아니한 경우 계약일로부터 <u>60일</u>이 경과되는 날을 잔금지급일로 본다.

정답 ④

필살키 022 취득시기(2)

「**지방세법**」상 취득세의 취득시기에 관한 설명으로 **틀린** 것은?

① 「민법」에 따른 이혼 시 재산분할로 인한 취득의 경우에는 취득물건의 등기일 또는 등록일을 취득일로 본다.

② 매립, 간척 등으로 토지를 원시취득하는 경우 공사준공인가일과 사용승낙일·허가일 또는 사실상 사용일 중 빠른 날을 취득일로 본다.

③ 「도시 및 주거환경정비법」에 따른 재건축조합이 재건축사업을 하면서 조합원에게 귀속되지 않은 토지를 취득하는 경우에는 소유권이전고시일을 취득일로 본다.

④ 토지의 지목변경에 따른 취득은 사실상 변경일과 공부상 변경일 중 빠른 날을 취득일로 본다. 다만, 토지의 지목변경일 이전에 사용하는 부분에 대해서는 그 사실상 사용일을 취득일로 본다.

⑤ 증여로 취득하는 경우에는 증여계약일과 등기·등록일 중 빠른 날이 취득시기가 된다.

해설

「도시 및 주거환경정비법」에 따른 재건축조합이 재건축사업을 하면서 조합원에게 귀속되지 않은 토지를 취득하는 경우에는 <u>소유권이전고시일의 다음 날</u>을 취득일로 본다.

정답 ③

필살키 023 취득세 과세표준(1)

「**지방세법**」상 취득세 과세표준에 관한 설명으로 **틀린** 것은?

① 유상취득의 경우 사실상의 취득가격을 과세표준으로 한다.

② 지방자치단체의 장은 특수관계인 간의 거래로 그 취득에 대한 조세부담을 부당하게 감소시키는 행위 또는 계산을 한 것으로 인정되는 경우에는 시가인정액을 취득당시가액으로 결정할 수 있다.

③ 시가표준액 1억원 이하의 부동산 등을 증여취득하는 경우 시가인정액과 시가표준액 중에서 납세자가 정하는 가액을 과세표준으로 한다.

④ 법인이 아닌 자가 건축물을 건축하여 취득하는 경우로서 사실상 취득가격을 확인할 수 없는 경우의 취득당시가액은 시가인정액으로 한다.

⑤ 토지의 지목을 사실상 변경한 경우 취득 당시가액은 그 변경으로 증가한 가액에 해당하는 사실상 취득가격으로 한다.

해설

법인이 아닌 자가 건축물을 건축하여 취득하는 경우로서 사실상 취득가격을 확인할 수 없는 경우의 취득당시가액은 <u>시가표준액</u>으로 한다.

정답 ④

필살키 024 　취득세 과세표준(2)

「지방세법」상 부동산의 취득세 과세표준을 사실상 취득가격으로 하는 경우 이에 포함될 수 있는 항목은? (단, 개인이 유상승계취득하였음)

> ㉠ 건설자금에 충당한 차입금의 이자 또는 이와 유사한 금융비용
> ㉡ 할부 또는 연부계약에 따른 이자상당액 또는 연체료
> ㉢ 취득대금 외에 당사자의 약정에 따른 취득자 조건부담액 또는 채무인수액
> ㉣ 공인중개사에게 지급한 중개보수
> ㉤ 부가가치세

① ㉢
② ㉠, ㉢
③ ㉠, ㉤
④ ㉡, ㉢
⑤ ㉡, ㉣

해설

㉠㉡㉣ 법인이 아닌 자가 취득하는 경우 사실상 취득가격에 포함하지 아니한다.
㉤ 부가가치세는 법인, 개인 관계없이 사실상 취득가격에 포함하지 아니한다.

＋PLUS 사실상 취득가격에서 제외사항	
법인이 아닌 자 제외	**전체 제외**
• 건설자금이자 • 할부이자 • 연체료 • 중개보수	• 광고선전비 등 • 전기·가스 등 이용자분담금 • 이주비 등 별개의 권리보상 • 부가가치세

정답 ①

필살키 025 　취득세 과세표준(3)

거주자 甲의 乙사(비상장법인)의 주식 보유현황은 다음과 같다. 2024년 10월 26일 주식 취득 시 甲의 취득세 과세표준은?

> • 2010년 乙사 설립 시 甲의 취득 주식 수 : 10,000주(전체 발행주식 수 20,000주)
> • 2024년 10월 26일 증자 시 甲의 취득 주식 수 : 20,000주(증자 후 전체 발행주식 수 50,000주)
> • 2024년 10월 26일 현재 乙사의 자산현황은 토지 1억원, 건물 1억원, 매출채권 1억원으로 총 3억원이다(설립 시부터 변동 없음).

① 2천만원
② 3천만원
③ 1억 2천만원
④ 1억 8천만원
⑤ 과세하지 아니함

해설

• 설립 시 지분율 : 50%(10,000주/20,000주)
• 2024년 증자 후 지분율 : 60%(30,000주/50,000주)
• 법인의 취득세 과세대상 부동산 등 : 2억원(토지 1억원, 건물 1억원)
• 과세표준 : 2억원 × 60% = 1.2억원

정답 ③

필살키 026   취득세 세율

「지방세법」상 부동산 취득 시 세율에 관한 설명으로 틀린 것은?

① 취득세 표준세율은 지방자치단체의 조례에 따라 100분의 50 범위에서 가감·조정할 수 있다.
② 종교단체가 토지를 기부받은 경우 표준세율은 1천분의 28이다.
③ 개수로 인하여 건축물의 면적이 증가할 때 그 증가된 부분에 대해서는 중과기준세율인 1천분의 20을 적용한다.
④ 등기부상 본인지분을 초과하지 아니하는 공유물의 단순분할 시 적용되는 표준세율은 1천분의 23이다.
⑤ 건축물의 이전으로 인한 취득 시 이전한 건축물의 가액이 종전 건축물의 가액을 초과하는 경우에 그 초과하는 가액에 대하여는 표준세율에서 중과기준세율을 뺀 세율을 적용하지 아니한다.

해설

개수로 인하여 건축물의 면적이 증가할 때 그 증가된 부분에 대해서는 <u>원시취득</u>으로 보아 세율을 적용한다.

정답 ③

필살키 027   취득세 특례세율

「지방세법」상 부동산 취득 시 적용되는 세율이 다른 하나는?

① 과점주주가 간주취득한 과세대상 물건
② 1년을 초과하는 임시건축물의 취득(사치성 재산이 아님)
③ 건축물을 건축하여 취득하는 경우로서 그 건축물의 소유권보존등기에 대한 등록면허세 납세의무가 성립한 후 취득시기가 도래하는 건축물의 취득
④ 레저시설, 저장시설 등의 취득
⑤ 환매등기를 병행하는 부동산의 매매로 환매기간 내에 매도자가 환매한 경우의 그 매도자와 매수자의 취득

해설

①②③④ 중과기준세율(1천분의 20)
⑤ 표준세율에서 중과기준세율을 뺀 세율

+PLUS   취득세 특례세율 적용 시 예외

1. 개수로 인하여 건축물의 면적 증가 : 원시취득(2.8%)
2. 공유물분할 시 본인 지분초과분 : 승계취득
3. 건축물의 이전 시 가액초과분 : 표준세율(2.8%)

정답 ⑤

필살키 028 취득세 중과세율(1)

「지방세법」상 취득세 중과에 관한 설명으로 옳은 것은 모두 몇 개인가?

> ㉠ 회원제 골프장회원권을 취득하는 경우 취득세를 중과하지 아니한다.
> ㉡ 고급주택과 고급오락장을 상속받은 자가 상속개시일부터 5년 이내 용도변경공사를 하는 경우 중과하지 아니한다.
> ㉢ 다가구주택의 경우 고급주택 판정 시 단독주택으로 보아 중과기준을 적용한다.
> ㉣ 주택의 유상취득에 있어 공유지분이나 부속토지만을 소유하거나 취득하는 경우에는 주택을 소유하거나 취득한 것으로 보지 아니한다.
> ㉤ 정비구역에 소재한 시가표준액 8천만원인 주택은 주택취득 시 소유 주택 수에서 제외한다.
> ㉥ 1주택을 소유한 세대가 조정대상지역의 주택을 취득하여 2주택이 된 경우 표준세율(1천분의 40)에 중과기준세율의 100분의 400을 더한 세율을 적용한다.
> ㉦ 1세대 1주택을 소유한 직계존속으로부터 조정대상지역 내 시가표준액 5억원의 주택을 증여받은 경우 표준세율(1천분의 40)에 중과기준세율의 100분의 400의 세율을 적용한다.

① 1개　　　　② 2개　　　　③ 3개　　　　④ 4개　　　　⑤ 5개

해설

㉡ 고급주택과 고급오락장을 상속받은 자가 상속개시일이 속하는 달의 말일부터 6개월 이내 용도변경공사를 하는 경우 중과하지 아니한다.

㉢ 다가구주택의 경우 한 가구가 독립하여 거주할 수 있도록 구획된 부분을 각각 1구를 1주택으로 보아 공동주택기준을 적용한다.

㉣ 주택의 유상취득에 있어 공유지분이나 부속토지만을 소유하거나 취득하는 경우에도 주택을 소유하거나 취득한 것으로 본다.

㉤ 시가표준액 1억원 이하의 주택은 주택 수에서 제외하나 정비구역 등의 경우는 포함한다.

㉥ 1주택을 소유한 세대가 조정대상지역의 주택을 취득하여 2주택이 된 경우 표준세율(1천분의 40)에 중과기준세율의 100분의 200을 더한 세율을 적용한다.

㉦ 조정대상지역 내 시가표준액 3억원 이상의 주택을 증여받은 경우 표준세율(1천분의 40)에 중과기준세율의 100분의 400의 세율을 적용한다. 다만, 1세대 1주택자가 소유한 주택을 배우자 또는 직계존비속이 무상취득하는 등 대통령령으로 정하는 경우는 제외한다.

정답 ①

필살키 029 취득세 중과세율(2)

과밀억제권역 및 대도시 안의 부동산 취득 시 취득세 중과에 관한 설명으로 틀린 것은?

① 과밀억제권역 안에 공장을 신설·증설하는 경우 산업단지, 유치지역, 공업지역은 중과대상 지역에서 제외한다.

② 과밀억제권역 안의 기존공장을 승계취득하거나 기존 공장의 업종을 변경하는 경우는 중과하지 아니한다.

③ 공장 신설 또는 증설의 경우에 사업용 과세물건의 소유자와 공장을 신설하거나 증설한 자가 다를 때에는 공장을 신설하거나 증설한 자에게 중과세율을 적용한다.

④ 법인이 취득한 대도시 안의 중과세 대상 부동산에는 「신탁법」에 따라 수탁자가 취득한 수탁재산을 포함한다.

⑤ 「한국은행법」 및 「한국수출입은행법」에 따른 은행업을 영위하는 법인이 대도시에서 부동산을 취득하는 경우 중과하지 아니한다.

해설

공장 신설 또는 증설의 경우에 사업용 과세물건의 소유자와 공장을 신설하거나 증설한 자가 다를 때에는 그 사업용 과세물건의 소유자가 공장을 신설하거나 증설한 것으로 보아 중과세율을 적용한다.

정답 ③

필살키 030 취득세 비과세

「지방세법」상 취득세 비과세에 관한 설명으로 틀린 것은?

① 국가 등으로부터 기부채납 대상물의 무상사용권을 제공받는 경우 취득세를 부과한다.

② 임시건축물인 고급오락장은 존속기간이 1년 이하인 경우 취득세를 부과하지 아니한다.

③ 「징발재산 정리에 관한 특별조치법」에 따른 동원대상지역 내의 토지의 수용·사용에 관한 환매권 행사로 매수하는 부동산의 취득에 대해서는 취득세를 부과하지 아니한다.

④ 신탁재산의 취득 중 주택조합 등과 조합원 간의 부동산 취득은 취득세를 부과한다.

⑤ 「주택법」에 따른 공동주택의 개수(대수선 제외)로 인한 취득 중 개수 당시 9억원 이하인 주택에 대해서는 취득세를 부과하지 아니한다.

해설

임시흥행장, 공사현장사무소 등(사치성 재산은 제외) 임시건축물의 취득에 대하여는 취득세를 부과하지 아니한다. 다만, 존속기간이 1년을 초과하는 경우에는 취득세를 부과한다.

정답 ②

필살키 031 취득세 납세절차

취득세 납세절차 등에 관한 설명으로 틀린 것은?

① 취득세 납세지는 해당 취득 물건의 소재지로 하고 둘 이상의 지방자치단체에 걸쳐 있는 경우 그 과세표준은 취득 당시의 가액을 취득 물건의 소재지별 시가표준액 비율로 나누어 계산하여 소재지별로 안분한다.

② 취득세 신고납부기한 이내에 등기·등록을 하려는 경우에는 등기·등록관서에 접수하는 날까지 취득세를 신고납부하여야 한다.

③ 취득 후 그 과세물건이 중과대상이 된 경우 중과대상이 된 날부터 60일 이내에 중과세율을 적용하여 산출한 세액에서 이미 납부한 세액을 공제한 금액(가산세 제외)을 신고납부하여야 한다.

④ 등기·등록이 필요하지 아니한 골프회원권의 취득세를 신고하지 아니하고 매각한 경우 중가산세 적용대상이 아니다.

⑤ 국가 등이 취득세 과세물건을 매각(연부로 매각한 것을 포함)하면 매각일부터 30일 이내에 그 물건소재지를 관할하는 지방자치단체의 장에게 통보하거나 신고하여야 한다.

해설

납세의무자가 취득세 과세물건을 사실상 취득한 후 신고를 하지 아니하고 매각하는 경우에는 산출세액에 100분의 80을 가산한 금액을 세액으로 하여 보통징수의 방법으로 징수한다. 다만, 지목변경, 차량·기계장비 또는 선박의 종류 변경, 주식 등의 취득 등 취득으로 보는 과세물건 및 등기·등록이 필요하지 아니한 과세물건(골프회원권, 승마회원권, 콘도미니엄회원권, 종합체육시설 이용회원권 및 요트회원권은 제외)에 대하여는 그러하지 아니하다.

※ 지방세기본법에 따른 무신고, 과소신고, 납부지연 가산세는 적용

정답 ④

필살키 032 등록면허세 과세표준

「지방세법」상 등기·등록에 대한 등록면허세 과세표준에 관한 설명으로 틀린 것은?

① 지역권설정등기 시 승역지가액을 과세표준으로 한다.

② 취득세 면세점에 해당하는 물건 취득에 따른 등록의 경우 등록 당시 자산재평가 또는 감가상각 등의 사유로 그 가액이 달라진 경우 변경된 가액을 과세표준으로 한다.

③ 채권금액으로 과세액을 정하는 경우에 일정한 채권금액이 없을 때에는 채권의 목적이 된 것의 가액 또는 처분의 제한의 목적이 된 금액을 그 채권금액으로 본다.

④ 부동산, 선박, 항공기, 자동차 및 건설기계의 등록에 대한 등록면허세의 과세표준은 등록 당시의 가액으로 한다.

⑤ 과세표준 신고가 없거나 신고가액이 시가표준액보다 적은 경우에는 시가표준액을 과세표준으로 한다.

해설

지역권설정등기 시 <u>요역지가액</u>을 과세표준으로 한다.

+PLUS 주요 등록면허세 과세표준

1. 소유권(면세점) : 취득당시가액
2. 소유권(취득세 제척기간만료) :
   취득당시가액 vs 등록당시가액
3. 전세권 : 전세금액
4. 임차권 : 월임대차금액

정답 ①

필살키 033 등록면허세 세율

「지방세법」상 부동산 등기·등록에 대한 등록면허세 세율에 관한 설명으로 틀린 것은?

① 지방자치단체의 장은 조례가 정하는 바에 따라 표준세율의 100분의 50 범위 안에서 가감조정할 수 있다.

② 직계존속으로부터 농지를 상속받아 소유권이전등기 시 부동산가액의 1천분의 3에 해당하는 세율을 적용한다.

③ 부동산임차권 및 부동산임차권의 가등기는 월임대차금액의 1천분의 2에 해당하는 세율을 적용한다.

④ 부동산 등기 시 세액이 6천원 미만인 때에는 6천원으로 한다.

⑤ 대도시 내 법인등기 및 부동산 등기 시 표준세율의 100분의 300으로 중과한다(산업단지 등 과 중과 제외 업종 제외).

해설

상속으로 인한 소유권이전등기의 경우에는 부동산가액의 <u>1천분의 8</u>에 해당하는 세율을 적용한다.

정답 ②

필살키 034 등록면허세 종합문제

「지방세법」상 등기·등록에 대한 등록면허세에 관한 설명으로 **틀린** 것은?

① 등록면허세의 납세의무자는 공부에 등기·등록을 받는 외형상 권리자와 실질적 권리자가 다른 경우에는 실질적 권리자가 된다.

② 등기 또는 등록 이후 그 등기 또는 등록이 무효·취소가 된 경우 이미 납부한 등록면허세는 과오납으로 환급할 수 없다.

③ 국가 등이 자기를 위하여 하는 등기·등록에 대하여는 등록면허세를 비과세한다.

④ 같은 채권의 담보를 위하여 설정하는 둘 이상의 저당권의 등록은 이를 하나의 등록으로 보아 처음 등록하는 등록관청 소재지를 납세지로 한다.

⑤ 비과세·면제받은 후 해당 물건이 부과대상이 된 경우 그 사유발생일부터 60일 이내에 신고하고 납부하여야 한다.

해설

등록면허세의 납세의무자는 공부에 등기·등록을 받는 외형상 권리자와 실질적 권리자가 다른 경우에는 <u>외형상 권리자</u>가 된다.

+PLUS 빈출포인트

1. 채권자대위자는 납세의무자를 대위하여 부동산의 등기에 대한 등록면허세를 신고납부할 수 있다.
2. 국가 등이 등기, 「채무자회생 및 파산에 관한 법률」에 따른 등기·등록, 경정등기, 무덤은 비과세이다.
3. 둘 이상 지자체에 걸쳐 있어 지자체별로 부과할 수 없는 경우 등록관청 소재지를 납세지로 한다.
4. 신고를 하지 않고 납부 시 신고하고 납부한 것으로 본다(가산세 없음).

정답 ①

필살키 035 재산세 특징

재산세의 특징으로 **틀린** 것은?

① 시·군·구·특별자치시·특별자치도가 부과·징수하는 조세이다. 다만, 특별시의 경우에는 구와 특별시가 공동 과세한다.

② 재산세는 물세와 인세로서의 특징을 가지고 있다.

③ 과세권자가 과세표준과 세액을 결정할 때 납세의무가 확정되나 납세의무자가 신고납부방식을 선택할 때는 신고 시 납세의무가 확정된다.

④ 과세대상 물건의 공부상 현황과 사실상 현황이 다른 경우에는 사실상 현황에 따라 재산세를 부과한다. 다만, 재산세의 과세대상 물건을 공부상 등재현황과 달리 이용함으로써 재산세 부담이 낮아지는 경우 등 대통령령으로 정하는 경우에는 공부상 등재현황에 따라 재산세를 부과한다.

⑤ 토지, 건축물, 주택, 선박, 항공기 보유에 대하여 정기적으로 부과하는 지방세이다.

해설

과세권자가 과세표준과 세액을 결정할 때 납세의무가 확정되며 납세의무자가 <u>신고납부방식을 선택할 수 없다.</u>

정답 ③

필살기 036   재산세 과세대상

재산세 과세대상에 관한 설명으로 옳은 것은?

① 「건축법 시행령」상 다가구주택은 1개의 주택으로 보되 구분등기된 경우에는 각각을 1개의 주택으로 본다.

② 1동의 건물이 주거와 주거 외의 용도로 사용되는 경우 주거용 면적이 주거 외 면적보다 큰 경우 전체를 1개의 주택으로 본다.

③ 주택의 부속토지의 경계가 명확하지 아니한 경우에는 바닥면적의 10배에 해당하는 토지를 주택의 부속토지로 한다.

④ 1구의 건물이 주거와 주거 외의 용도로 사용되고 있는 경우에는 주거용으로 사용되는 면적이 전체의 100분의 50을 초과할 때에는 주택으로 본다.

⑤ 건축물에서 허가 등이나 사용승인(임시사용승인을 포함)을 받지 아니하고 주거용으로 사용하는 면적이 전체 건축물 면적(허가 등이나 사용승인을 받은 면적을 포함)의 100분의 50 이상인 경우에는 그 건축물 전체를 주택으로 보지 아니하고, 그 부속토지는 별도합산과세대상 토지로 본다.

해설

① 「건축법 시행령」상 다가구주택은 <u>1가구가 독립하여 구분사용할 수 있도록 분리된 부분을 1구의 주택으로 본다.</u> 이 경우 그 부속토지는 건물면적의 비율에 따라 각각 나눈 면적을 1구의 부속토지로 본다.

② 1동의 건물이 주거와 주거 외의 용도로 사용되는 경우 <u>주거용으로 사용되는 부분만을 주택으로 본다.</u> 이 경우 건물의 부속토지는 주거와 주거 외의 용도로 사용되는 건물의 면적비율에 따라 각각 안분하여 주택의 부속토지와 건축물의 부속토지로 구분한다.

④ 1구의 건물이 주거와 주거 외의 용도로 사용되고 있는 경우에는 주거용으로 사용되는 면적이 전체의 <u>100분의 50 이상</u>인 경우에는 주택으로 본다.

⑤ 건축물에서 허가 등이나 사용승인(임시사용승인을 포함)을 받지 아니하고 주거용으로 사용하는 면적이 전체 건축물 면적 (허가 등이나 사용승인을 받은 면적을 포함)의 100분의 50 이상인 경우에는 그 건축물 전체를 주택으로 보지 아니하고, 그 부속토지는 <u>종합합산과세대상</u> 토지로 본다.

정답 ③

필살키 037　재산세 과세표준

2024년 귀속 재산세 과세표준에 관한 설명으로 옳은 것은 모두 몇 개인가?

> ㉠ 법인소유 과세대상 물건의 과세표준은 법인 장부상 가액을 기준으로 계산한다.
>
> ㉡ 「신탁법」에 따른 신탁재산에 속하는 합산과 세대상 토지는 위탁자별로 합산하고 수탁자 의 고유재산에 속하는 토지와 합산하지 아 니한다.
>
> ㉢ 관할구역 내 여러 개의 건축물을 소유하고 있는 경우 이는 합산과세대상이 아니다.
>
> ㉣ 토지에 대한 과세표준은 과세기준일 현재 토 지의 시가표준액에 공정시장가액비율(70%) 을 곱한 금액으로 한다.
>
> ㉤ 주택에 대한 과세표준은 과세기준일 현재 주 택의 시가표준액에 공정시장가액비율(60%) 을 곱한 금액으로 한다. (1세대1주택에 해당 하지 아니함)

① 1개　　　　　② 2개
③ 3개　　　　　④ 4개
⑤ 5개

해설
㉠ 법인소유 과세대상 물건이라도 <u>과세기준일 현재의 시가 표준액을 기준</u>으로 과세표준을 산정한다.

정답 ④

필살키 038　재산세 세율(1)

「지방세법」상 재산세 세율에 관한 설명으로 틀린 것은?

① 지방자치단체의 장은 조례로 정하는 바에 따 라 특별한 재정수요나 재해 등의 발생 시 해당 연도에 한하여 표준세율의 100분의 50의 범 위에서 가감할 수 있다.

② 종합합산과세대상 토지의 표준세율은 1천분 의 2 ~ 1천분의 5로 한다.

③ 법정요건을 충족한 전, 답, 과수원, 목장용지, 임야 등의 표준세율은 1천분의 0.7로 한다.

④ 시 이상 지역의 주거지역 소재 공장용 건축물 의 표준세율은 1천분의 5로 한다.

⑤ 고급주택의 표준세율은 1천분의 40으로 한다.

해설
주택은 고급주택 여부와 관계없이 <u>1천분의 1 ~ 1천분의 4 의 초과누진세율을 적용</u>한다.

정답 ⑤

필살키 039　재산세 세율(2)

주택에 대한 재산세 세율 적용에 관한 내용으로 틀린 것을 모두 고른 것은?

> ㉠ 1주택을 2명 이상이 공동으로 소유하거나 토지와 건물의 소유자가 다른 경우 해당 주택의 토지와 건물의 가액을 합산한 과세표준에 세율을 적용한다.
> ㉡ 주택의 표준세율은 1천분의 1 ~ 1천분의 4이다.(1세대1주택에 해당하지 아니함)
> ㉢ 납세의무자가 해당 관할구역에 둘 이상의 주택을 소유하고 있는 경우 그 주택별로 세율을 적용한다.
> ㉣ 단독주택의 재산세 과세표준은 토지, 건물을 일체로 한 개별주택가격을 기준으로 계산한다.
> ㉤ 다가구주택의 경우 1가구가 독립하여 구분 사용할 수 있도록 구획된 부분을 1구의 주택으로 본다.
> ㉥ 법령으로 정하는 1세대 1주택으로 과세기준일 현재 시가표준액이 12억원 이하인 주택은 1천분의 0.5 ~ 1천분의 3.5의 초과누진세율을 적용한다.

① ㉠
② ㉥
③ ㉠, ㉡, ㉢
④ ㉡, ㉣, ㉥
⑤ ㉢, ㉣, ㉤

해설

㉥ 법령으로 정하는 1세대 1주택으로 과세기준일 현재 시가표준액이 9억원 이하인 주택은 1천분의 0.5 ~ 1천분의 3.5의 초과누진세율을 적용한다.

+PLUS　주택 수 판정

1. 신탁된 주택은 위탁자의 주택 수에 가산한다.
2. 주택의 공유지분이나 부속토지만을 소유한 경우에도 주택을 소유한 것으로 본다.(같은 세대 내 공유의 경우는 1주택)

정답 ②

필살키 040　재산세 납세의무자(1)

「지방세법」상 재산세 납세의무자에 관한 설명으로 틀린 것을 모두 고른 것은?

> ㉠ 과세대상 물건을 지분으로 소유한 경우 지분권자를 납세의무자로 하고 지분의 표시가 없는 경우에는 지분이 균등한 것으로 본다.
> ㉡ 주택과 부속토지의 소유자가 다를 경우 산출세액을 주택과 부속토지의 면적비율로 안분계산하여 각 소유자에게 과세한다.
> ㉢ 「신탁법」에 따라 수탁자 명의로 등기·등록된 신탁재산의 경우에는 위탁자가 신탁재산을 소유한 것으로 본다.
> ㉣ ㉢의 경우 「주택법」에 따른 지역주택조합 또는 직장주택조합이 조합원이 납부한 금전으로 매수하여 소유하고 있는 신탁재산의 경우에는 해당 지역주택조합 및 직장주택조합을 위탁자로 본다.
> ㉤ 위탁자가 재산세 등을 체납한 경우 위탁자의 다른 재산에 대하여 체납처분을 하여도 징수할 금액에 미치지 못할 때에는 수탁자는 그 신탁재산으로써 위탁자의 재산세 등을 납부할 의무가 있다.
> ㉥ 공부상 개인명의로 등재되어 있는 사실상 종중재산으로 이를 신고하지 아니한 경우 공부상 소유자가 납세의무자가 된다.

① ㉡
② ㉤
③ ㉠, ㉢, ㉣
④ ㉡, ㉤, ㉥
⑤ ㉢, ㉣, ㉥

해설

㉡ 주택과 부속토지의 소유자가 다를 경우 주택의 산출세액을 주택과 부속토지의 시가표준액 비율로 안분계산하여 각 소유자에게 과세한다.

정답 ①

필살키 041　재산세 납세의무자[2]

「지방세법」상 재산세 납세의무자에 관한 설명으로 틀린 것은?

① 법인과 토지의 연부매수계약을 체결하고 무상 사용권을 받은 경우 : 매수계약자
② 체비지와 보류지로 지정된 토지 : 사업시행자
③ 소유권의 귀속이 분명하지 아니하여 사실상 소유자를 알 수 없는 경우 : 사용자
④ 상속이 개시된 재산으로 상속등기가 이행되지 아니하고 사실상 소유자를 신고하지 아니한 경우 : 주된 상속자
⑤ 매매 등의 사유로 소유권변동이 있었음에도 이를 신고하지 아니한 경우 : 공부상 소유자

해설

국가 등과 토지의 연부매수계약을 체결하고 무상사용권을 받은 경우 : 매수계약자

정답 ①

필살키 042　재산세 비과세[1]

「지방세법」상 재산세 비과세대상으로 옳은 것을 모두 고른 것은?

> ㉠ 대한민국 정부기관의 재산에 대해 과세하는 외국정부 재산
> ㉡ 국가 등이 개인 또는 법인의 재산을 무상으로 1년 이상 공용 또는 공공용으로 사용하는 재산
> ㉢ 무덤과 이에 접속된 부속시설물의 부지로 지목이 묘지인 토지
> ㉣ 과세기준일 현재 1년 미만인 임시건축물인 고급오락장
> ㉤ 해당 연도 철거 예정인 건축물 및 부속토지 (사치성 재산 아님)

① ㉠, ㉡
② ㉡, ㉢
③ ㉢, ㉣
④ ㉡, ㉢, ㉣
⑤ ㉡, ㉢, ㉤

해설

㉠ 대한민국 정부기관의 재산에 대해 과세하는 외국정부 재산에 대해서는 재산세를 과세한다.
㉣ 과세기준일 현재 1년 미만인 임시건축물이라도 사치성 재산의 경우는 재산세를 과세한다.
㉤ 해당 연도 철거 예정인 건축물의 부속토지에 대해서는 재산세를 과세한다.

정답 ②

필살키 043　재산세 비과세(2)

「지방세법」상 재산세 비과세대상 임야가 <u>아닌</u> 것은?

① 군사기지 및 군사시설 보호구역 중 통제보호 구역에 있는 임야
② 「산림보호법」에 따라 지정된 산림보호구역 및 법령에 의한 채종림, 시험림
③ 공원자연보존지구의 임야
④ 백두대간보호구역의 임야
⑤ 「문화유산의 보존 및 활용에 관한 법률」에 따른 지정문화유산 안의 임야

해설

「문화유산의 보존 및 활용에 관한 법률」에 따른 지정문화유산 안의 임야는 <u>분리과세대상</u> 토지이다.

+PLUS	재산세의 분리과세와 비과세의 구분
분리과세	공원자연<u>환경</u>지구, 군사기지 및 군사시설 보호구역 중 제한보호구역에 있는 임야
비과세	공원자연<u>보존</u>지구, 군사기지 및 군사시설 보호구역 중 <u>통제보호구역</u>에 있는 임야

정답 ⑤

필살키 044　재산세 납세절차(1)

「지방세법」상 재산세 납세절차에 관한 설명으로 <u>틀린</u> 것은?

① 재산세 과세기준일은 매년 6월 1일이다.
② 토지, 건축물, 주택은 해당 물건 소재지를 관할하는 지방자치단체에서 부과한다.
③ 주택분 재산세의 납기는 매년 7월 16일 ~ 7월 31일까지이다.(해당연도 부과할 세액이 20만원을 초과함)
④ 선박, 항공기분 재산세의 납기는 매년 7월 16일 ~ 7월 31일까지이다.
⑤ 재산세를 징수하려면 토지, 건축물, 주택, 선박, 항공기로 구분한 납세고지서에 과세표준과 세액을 적어 늦어도 납기개시 5일 전까지 발급하여야 한다.

해설

주택분 재산세는 매년 7월 16일 ~ 7월 31일까지 세액의 1/2, 9월 16일 ~ 9월 30일까지 세액의 나머지 1/2을 부과·징수한다. 단, 해당 연도 부과할 세액이 <u>20만원 이하</u>인 경우 7월에 한꺼번에 부과·징수할 수 있다.

정답 ③

필살키 045 　재산세 납세절차(2)

「**지방세법**」상 재산세 납세절차에 관한 설명으로 **틀린** 것은?

① 재산의 소유권 변동이 발생하였으나 과세기준일까지 등기가 이행되지 아니한 경우 공부상 소유자는 과세기준일부터 15일 이내에 관할 지방자치단체의 장에게 신고하여야 한다.

② 개인소유 토지, 건축물, 주택에 대한 세부담상한은 직전연도의 해당 재산에 대한 세액상당액의 100분의 150이다.

③ 고지서 1장당 재산세(도시지역분 포함)로 징수할 금액이 2천원 미만인 경우 징수하지 아니한다.

④ 소방분 지역자원시설세의 납기가 재산세와 같은 경우 재산세의 납세고지서에 나란히 적어 고지할 수 있다.

⑤ 재산세가 부과되는 경우 재산세액의 100분의 20을 지방교육세로서 재산세에 부가하여 과세한다.

해설

개인소유 토지, 건축물의 세부담상한은 직전연도의 해당 재산에 대한 세액상당액의 100분의 150이나 주택은 상한선 규정을 적용하지 아니한다.(과세표준상한제 도입에 따라 폐지)

정답 ②

필살키 046 　재산세 납세절차(3)

재산세의 분할납부와 물납에 관한 설명으로 옳은 것은 모두 몇 개인가?

> ㉠ 7월 31일을 납부기한으로 서울특별시 강남구에서 주택분 재산세 200만원과 건축물분 재산세 200만원이 고지되었다면 이는 분할납부할 수 없다.
> ㉡ 분할납부하고자 하는 자는 납부기한 10일 전까지 신청서를 제출하여야 한다.
> ㉢ 재산세 납부세액이 1천만원을 초과하는 경우 부동산 및 유가증권으로 물납할 수 있다.
> ㉣ 물납신청 시 불허가 통지를 받은 경우에는 금전으로만 납부하여야 한다.
> ㉤ 물납허가를 받아 물납하였을 때에는 납부기한 내에 납부한 것으로 본다. 따라서 납부기한이 경과된 후 물납되더라도 가산세는 적용되지 아니한다.
> ㉥ 물납부동산 가액은 물납허가일 현재 시가로 한다.

① 1개　　　　　② 2개
③ 3개　　　　　④ 4개
⑤ 5개

해설

㉠ 7월 31일을 납부기한으로 서울특별시 강남구에서 주택분 재산세 200만원과 건축물분 재산세 200만원이 고지되었다면 250만원 초과금액인 150만원을 분할납부할 수 있다.

㉡ 분할납부하고자 하는 자는 납부기한까지 신청서를 제출하여야 한다.

㉢ 재산세 납부세액이 1천만원을 초과하는 경우 관할구역에 있는 부동산에 대하여만 물납할 수 있다.

㉣ 물납신청 시 불허가 통지를 받은 경우 통지받은 날부터 10일 이내에 관할구역 내 다른 부동산으로 변경 신청할 수 있다.

㉥ 물납부동산 가액은 과세기준일 현재 시가로 한다.

정답 ①

필살키 047 재산세 과세대상 토지의 분류(1)

「지방세법」상 재산세의 토지에 대한 과세구분 내용으로 틀린 것은?

① 1990년 5월 31일 이전부터 종중이 소유하는 농지 : 분리과세대상
② 「건축법」 등의 규정에 의하여 허가를 받아야 할 건축물로서 허가 등을 받지 아니한 건축물에 딸린 토지 : 종합합산과세대상
③ 개인이 축산용으로 사용하는 도시지역 밖의 기준면적 이내의 목장용지 : 분리과세대상
④ 회원제 골프장용 토지로서 구분등록 대상이 되는 토지 : 분리과세대상
⑤ 경작에 사용하지 않고 있는 개인소유의 농지 : 분리과세대상

해설

경작에 사용하지 않고 있는 개인소유의 농지 : <u>종합합산과세대상</u>

정답 ⑤

필살키 048 재산세 과세대상 토지의 분류(2)

「지방세법」상 재산세의 토지에 대한 과세구분 내용으로 틀린 것은?

① 「농지법」에 따른 농업법인이 소유하는 농지로서 과세기준일 현재 실제 영농에 사용되고 있는 농지 : 분리과세대상
② 과세기준일 현재 계속 염전으로 사용하고 있거나 사용을 폐지한 토지 : 분리과세대상
③ 군·읍·면지역의 공장으로서 입지기준면적 이내의 공장용지 : 분리과세대상
④ 시지역의 주거지역 내에 존재하는 공장으로서 입지기준면적을 초과하는 공장용지 : 별도합산과세대상
⑤ 공장용 및 주거용 건축물 이외의 건축물로서 건축물의 시가표준액이 부속토지 시가표준액의 100분의 2에 미달하는 건축물의 부속토지 중 바닥면적 : 별도합산과세대상

해설

시지역의 주거지역 내에 존재하는 공장으로서 입지기준면적을 초과하는 공장용지 : <u>종합합산과세대상</u>

정답 ④

필살키 049 재산세 과세대상 토지의 분류[3]

「지방세법」상 재산세의 토지에 대한 과세구분이 다른 하나는? (단, 각 법령에서 정한 요건은 충족했다고 가정함)

① 자동차운전학원용 토지
② 여객자동차운송사업 또는 자동차대여사업자의 차고용 토지
③ 국가나 지방자치단체가 국방상의 목적 외에는 그 사용 및 처분 등을 제한하는 공장 구내의 토지
④ 물류단지시설용 및 공동집배송센터용 토지
⑤ 스키장 및 골프장용 토지 중 원형이 보전되는 임야

필살키 050 재산세 과세대상 토지의 분류[4]

「지방세법」상 종합합산과세대상에 속하지 <u>않는</u> 토지는?

① 농지를 영농에 사용하지 아니하고 물품이나 폐자재 등 적재장으로 사용하는 토지
② 개인소유 농지 중 도시지역 안의 주거지역, 상업지역, 공업지역 내의 농지
③ 주택의 부속토지로서 바닥면적의 10배를 초과하는 부분
④ 1989. 12. 31. 이전부터 소유한 법령에 의한 개발제한구역의 임야
⑤ 건축물이 사실상 멸실된 날부터 6개월이 경과된 토지

해설

①②④⑤ 별도합산과세대상 토지
③ 분리과세대상 토지

정답 ③

해설

1989. 12. 31. 이전부터 소유한 법령에 의한 개발제한구역의 임야는 <u>분리과세대상</u> 토지이다.

정답 ④

필살키 pp.29~31   합격서 p.72

필살키 051   종합부동산세(1)

종합부동산세에 관한 설명으로 틀린 것은?

① 종합부동산세는 과세대상 물건을 소유자별로 전국 합산하여 과세하는 인세이다.

② 종합부동산세는 초과누진세율 구조로만 되어 있다.

③ 종합부동산세는 고지징수를 원칙으로 하지만 예외적으로 납세의무자가 신고하고 납부할 수 있다.

④ 과세대상 토지는 재산세가 과세되는 종합합산과세대상 토지와 별도합산과세대상 토지이다.

⑤ 재산세 과세대상인 주택은 종합부동산세 과세대상이다.

해설

- 종합부동산세는 <u>초과누진세율 및 비례세율(법인소유주택)</u>구조로 되어있다.
- 법인(공익법인 등 제외)소유 주택은 비례세율(2.7%, 5.0%)을 적용한다.

정답 ②

필살키 052   종합부동산세(2)

종합부동산세 계산 시 과세표준과 세율 및 세액에 관한 설명으로 틀린 것을 모두 고른 것은?

> ㉠ 개인소유 주택의 과세표준은 납세의무자별로 공시가격을 합한 금액에서 9억원을 공제하여 공정시장가액비율을 곱한 금액이다.(단, 1세대 1주택자에 해당하지 아니함)
>
> ㉡ 별도합산과세대상 토지의 세율은 1천분의 5 ~ 1천분의 7의 3단계 초과누진세율로 되어 있다.
>
> ㉢ 주택분 과세표준 금액에 대하여 해당 과세대상 주택의 주택분 재산세로 부과된 세액(「지방세법」에 따라 가감조정된 세율이 적용된 경우에는 그 세율이 적용된 세액, 세부담 상한을 적용받은 경우에는 그 상한을 적용받은 세액)은 주택분 종합부동산세액에서 이를 공제한다.
>
> ㉣ 2주택자(개인)의 경우 주택에 대한 총세액 상당액이 직전연도 부과된 세액의 100분의 200을 초과하는 경우 이를 없는 것으로 한다.
>
> ㉤ 법인(공익법인 등 제외)소유 주택의 과세표준은 공시가격 합계액에 공정시장가액비율을 곱하여 계산하며 세율 적용 시 비례세율을 적용한다.
>
> ㉥ 법인(공익법인 등 제외)소유 주택의 경우 상한선제도를 적용하지 아니한다.

① ㉢

② ㉣

③ ㉠, ㉡

④ ㉡, ㉣, ㉤

⑤ ㉢, ㉣, ㉥

해설

㉣ 종합부동산세의 납세의무자가 해당 연도에 납부하여야 할 주택분 재산세액 상당액(신탁주택의 경우 재산세의 납세의무자가 납부하여야 할 주택분 재산세액 상당액)과 주택분 종합부동산세액 상당액의 합계액(주택에 대한 총세액 상당액)으로서 대통령령으로 정하는 바에 따라 계산한 세액이 해당 납세의무자에게 직전연도에 해당 주택에 부과된 주택에 대한 총세액 상당액으로서 대통령령으로 정하는 바에 따라 계산한 세액의 <u>100분의 150을 초과</u>하는 경우에는 그 초과하는 세액에 대해서는 「종합부동산세법」 제9조에도 불구하고 이를 없는 것으로 본다. 다만, 납세의무자가 법인 또는 법인으로 보는 단체의 경우는 그러하지 아니하다.

+PLUS   주택분 종합부동산세액 계산 시 유의사항

1. 과세표준계산 시 합산배제주택

   임대사업용, 기숙사, 사택, 노인복지, 미분양, 문화유산, 어린이집, 향교 등

2. 세액계산 시 주택 수

   ① 공동소유는 각자소유

   ② 다가구주택은 1주택

   ③ 합산배제주택은 주택 수에서 제외

   ④ 일시적, 상속, 지방 저가주택은 주택 수에서 제외

3. 상한선 적용받은 가감조정 된 재산세액 공제

정답 ②

필살키 053 종합부동산세(3)

주택의 종합부동산세에 관한 설명으로 틀린 것은 모두 몇 개인가?

> ㉠ 과세기준일 현재 세대원 중 1인이 1주택을 소유한 경우 과세표준은 납세의무자별로 주택의 공시가격을 합한 금액에서 12억원을 공제한 금액에 공정시장가액비율을 곱한 금액으로 한다.
> ㉡ 1세대 1주택 여부 판단 시 등록문화유산요건에 해당하는 주택은 주택 수에서 제외한다.
> ㉢ 법정요건을 충족한 「민간임대주택에 관한 특별법」에 따른 민간임대주택은 과세표준 합산의 대상이 되는 주택의 범위에 포함되지 아니한다.
> ㉣ 과세표준 합산배제 주택을 보유한 납세의무자는 해당 연도 10월 16일부터 10월 31일까지 납세지 관할 세무서장에게 해당 주택의 보유현황을 신고하여야 한다.
> ㉤ 세액계산 시 공동소유인 경우 각자가 소유한 것으로 본다.
> ㉥ 세액계산 시 다가구주택은 1주택으로 보며 과세표준 계산 시 합산하지 아니하는 주택은 주택 수에 포함하지 아니한다.

① 1개   ② 2개   ③ 3개
④ 4개   ⑤ 5개

해설

㉣ 다음의 경우는 해당 연도 9월 16일부터 9월 30일까지 납세지 관할 세무서장에게 신고하여야 한다.

> 1. 과세표준 합산배제 주택을 보유한 경우
> 2. 1주택과 '상속주택, 일시적 2주택, 지방 저가주택'을 보유하여 1주택자로 적용받으려는 경우
> 3. 부부공동명의자가 1인을 납세의무자로 적용받으려는 경우

정답 ①

필살키 054 종합부동산세(4)

1세대 1주택자의 종합부동산세액 계산 시 세액공제에 관한 설명으로 틀린 것은?

① 과세기준일 현재 세대원 중 1인이 1주택을 소유한 경우 연령별 세액공제와 보유기간별 세액공제를 중복하여 적용할 수 있다.
② 과세기준일 현재 만 61세의 경우 해당 세액에 100분의 20을 곱한 금액을 산출세액에서 공제한다.
③ 과세기준일 현재 6년을 보유한 경우 해당 세액에 100분의 20을 곱한 금액을 산출세액에서 공제한다.
④ 과세기준일 현재 만 75세이며 17년을 보유한 경우 해당 세액에 100분의 80을 곱한 금액을 산출세액에서 공제한다.
⑤ 보유기간 계산 시 모든 동일 세대원으로부터 상속받은 경우는 피상속인의 보유기간과 통산하여 계산한다.

해설

보유기간에 따른 세액공제 적용 시 '배우자'로부터 상속받은 주택에 대하여는 피상속인이 해당 주택을 취득한 날부터 보유기간을 계산한다.

> **+PLUS 보유기간의 계산**
>
> 1. 소실(燒失)·도괴(倒壞)·노후(老朽) 등으로 인하여 멸실되어 재건축 또는 재개발하는 주택에 대하여는 그 멸실된 주택을 취득한 날부터 보유기간을 계산한다.
> 2. 배우자로부터 상속받은 주택에 대하여는 피상속인이 해당 주택을 취득한 날부터 보유기간을 계산한다.

정답 ⑤

필살키 055 종합부동산세(5)

종합부동산세에 관한 내용으로 틀린 것을 모두 고른 것은?

> ㉠ 종합부동산세의 과세기준일과 분할납부 가능금액은 재산세와 같으나 분할납부기한은 다르다.
>
> ㉡ 종합부동산세는 물납이 허용되지 아니한다.
>
> ㉢ 신고납부 방식으로 납부하고자 하는 경우 과세표준과 세액을 해당 연도 12월 16일부터 12월 31일까지 신고하고 납부하여야 하며 이 경우 부과징수 규정에 따른 결정은 없는 것으로 한다.
>
> ㉣ 납부기한 내 과세표준과 세액을 신고하지 아니하더라도 무신고가산세는 부과하지 아니한다.
>
> ㉤ 고지세액이 140만원인 경우 납세고지서에 따른 납부기한의 다음 날부터 납부지연가산세를 적용하지 아니한다.
>
> ㉥ 부부공동명의 1주택자의 경우 대통령령으로 정하는 자를 해당 1주택에 대한 납세의무자로 할 수 있다.

① ㉢

② ㉤

③ ㉠, ㉡

④ ㉢, ㉣, ㉥

⑤ ㉢, ㉤, ㉥

해설

㉢ 신고납부 방식으로 납부하고자 하는 경우 과세표준과 세액을 해당 연도 <u>12월 1일부터 12월 15일까지</u> 신고하고 납부하여야 하며 이 경우 부과징수 규정에 따른 결정은 없는 것으로 한다.

+PLUS 종합부동산세 부과·징수 특징

1. 무신고가산세는 부과하지 않지만 과소신고가산세 및 납부지연가산세는 부과한다.
2. 납부세액이 250만원 초과 시 6개월 내 분납가능하다.
3. 물납은 허용되지 않는다.

정답 ①

필살키 056 종합소득세(1)

「소득세법」상 부동산임대소득에 관한 설명으로 틀린 것은?

① 부동산 및 전세권, 임차권 등 부동산상의 권리의 대여로 발생하는 소득을 말한다.

② 부동산의 권리 중 공익사업과 관련된 지역권, 지상권의 설정, 대여소득은 종합소득 중 기타소득으로 한다.

③ 주거용 건물 개발 및 공급업자가 부동산을 일시적으로 대여하고 얻은 소득은 부동산임대소득으로 한다.

④ 묘지를 개발하여 분묘기지권을 설정하고 지료를 받거나 공장재단, 광업재단을 대여하는 사업은 부동산임대사업소득에 해당한다.

⑤ 장소를 일시적으로 대여하는 소득은 부동산임대소득으로 한다.

해설

장소를 일시적으로 대여하고 받은 대가는 <u>기타소득</u>이다.

정답 ⑤

필살키 057 종합소득세(2)

「소득세법」상 주택의 임대에 있어서 비과세 대상 1주택에 관한 설명으로 옳은 것은 모두 몇 개인가?

> ㉠ 다가구주택은 1주택으로 보되, 구분등기된 경우에는 각각을 1개의 주택으로 계산한다.
>
> ㉡ 국내 소재 기준시가 13억원인 1주택을 전세로 임대하는 경우 보증금에 대한 간주임대료는 총수입금액에 포함한다.
>
> ㉢ 본인과 배우자가 각각 주택을 소유하는 경우 이를 합산하여 1주택 여부를 판단한다.
>
> ㉣ 공동소유주택은 지분이 가장 큰 사람의 소유로 하는 것이 원칙이다.
>
> ㉤ 소수지분자라도 해당 주택에서 발생하는 본인지분의 수입금액이 600만원 이상인 경우 또는 기준시가 9억원 초과 주택의 30%를 초과하여 소유하는 경우 주택 수에 포함한다.

① 1개
② 2개
③ 3개
④ 4개
⑤ 5개

해설

㉡ 보증금에 대한 간주임대료는 <u>3주택 이상, 3억원 초과분</u>부터 과세한다.

㉤ 소수지분자라도 해당 주택에서 발생하는 본인지분의 수입금액이 600만원 이상인 경우 또는 기준시가 <u>12억원 초과</u> 주택의 30%를 초과하여 소유하는 경우 주택 수에 포함한다.

정답 ③

필살키 058 종합소득세(3)

「소득세법」상 주택임대소득에 관한 설명으로 **틀린** 것은?

① 총수입금액 2천만원 이하인 주택임대소득에 대해서는 분리과세를 선택할 수 있다.

② 분리과세 선택 시 사업자등록을 한 경우 총수입금액의 100분의 60을 필요경비로 공제한다.

③ 분리과세 주택임대소득에 대한 세액계산 시 적용하는 세율은 100분의 14이다.

④ 분리과세 주택임대소득을 제외한 해당 과세기간의 종합소득금액이 2천만원 초과 시 분리과세를 선택할 수 없다.

⑤ 주거용 건물임대업에서 발생하는 결손금은 종합소득과세표준을 계산할 때 다른 종합소득금액에서 공제할 수 있다.

해설

분리과세 주택임대소득을 제외한 해당 과세기간의 종합소득금액이 2천만원 초과 시 추가공제금액(400만원 또는 200만원)이 없는 것일 뿐 분리과세는 선택할 수 있다.

+PLUS 부동산임대사업소득 관련 유의사항

1. 주택 간주임대료는 '3주택 이상 + 보증금 3억원 초과분'에 대해 총수입금액에 산입

2. 간주임대료 계산 시 수입이자, 할인료 및 배당금은 공제

3. 부동산임대소득의 수입시기는 계약 또는 관습에 의하여 지급일이 정해진 경우에는 그 정해진 날, 지급을 받은 날 순서

정답 ④

필살키 059   종합소득세(4)

「소득세법」상 부동산 관련 사업소득에 관한 설명으로 틀린 것은?

① 비주거용 건물 건설업과 부동산 개발 및 공급업은 부동산 매매업에 속한다.

② 부동산 매매업의 사업성 판단 시 부가가치세 1과세기간 내에 1회 이상 부동산을 취득하고 2회 이상 판매하는 경우 부동산 매매업을 영위하는 것으로 본다.

③ 주거용 건물 개발 및 공급업자가 1동의 주택을 신축하여 판매하는 경우 이는 양도소득세 과세대상이다.

④ 건설업자에게 도급을 주어 주택을 신축·판매하여도 주거용 건물 개발 및 공급업으로 본다.

⑤ 신축한 주택을 일시적으로 임대한 후 판매하는 경우에도 주거용 건물 개발 및 공급업으로 본다.

해설

주거용 건물 개발 및 공급업자가 1동의 주택을 신축하여 판매하는 경우도 주거용 건물 개발 및 공급업에 해당되어 <u>종합소득세로 신고</u>한다.

+PLUS 상가·주택의 판매 시 업종 분류

구분	분류
상가·주택 매입 판매	부동산매매업
상가 신축 판매	부동산매매업
주택 신축 판매	주거용 건물개발 및 공급업

정답 ③

필살키 060   양도소득세 특징

「소득세법」상 양도소득세에 관한 설명으로 틀린 것은?

① 양도소득세는 결집효과를 완화하기 위하여 종합소득으로 과세하지 않고 분류과세하는 국세이다.

② 양도소득세는 개인별로 양도소득에 대하여 과세하는 인세이다.

③ 양도소득세는 원칙적으로 납세의무자가 스스로 신고함으로써 조세채권이 확정되는 신고주의 조세이다.

④ 양도소득세는 1과세기간 동안 실현된 양도소득을 기간별로 합산하여 과세한다.

⑤ 열거된 자산의 일시적 양도로 발생하는 양도소득을 과세대상으로 하며 이는 유상, 무상 관계없이 일체의 양도를 대상으로 한다.

해설

양도소득은 과세대상 물건의 소유권을 <u>유상</u>으로 이전함에 따라 발생하는 소득을 말한다.

정답 ⑤

필살키 061 양도소득세 과세대상(1)

「소득세법」상 양도소득세 과세대상은 모두 몇 개인가? (단, 국내자산으로 가정함)

> ㉠ 아파트당첨권, 분양권, 조합원입주권
> ㉡ 등기된 부동산임차권
> ㉢ 지역권
> ㉣ 사업용 자산과 별도로 양도하는 영업권
> ㉤ 골프회원권
> ㉥ 법인소유 자산 중 부동산 등의 비율이 100분의 50 이상인 법인의 주식을 과점주주가 3년 이내에 100분의 50 이상을 양도하는 경우

① 1개   ② 2개
③ 3개   ④ 4개
⑤ 5개

해설
㉢ 지역권은 과세대상이 아니다.
㉣ 사업용 자산과 별도로 양도하는 영업권은 기타소득으로 과세한다.

정답 ④

필살키 062 양도소득세 과세대상(2)

「소득세법」상 양도소득세 과세대상에 관한 설명으로 <u>틀린</u> 것은?

① 과세대상 건물에는 부속된 시설물과 구축물은 제외한다.
② 토지상환채권, 주택상환채권, 계약금만 지급한 상태에서 양도하는 권리 등도 과세대상에 속한다.
③ 사업에 사용하는 자산과 별도로 평가하여 신고한 이축권은 과세대상이 아니다.
④ 법인의 주식을 소유하는 것만으로 시설물을 배타적으로 이용하거나 유리한 조건으로 이용할 수 있다면 그 주식을 양도하여도 과세대상이다.
⑤ 골프장을 영위하는 법인(법인소유 자산 중 부동산 비율이 80% 이상)의 주식은 1주만 양도하여도 과세대상이다.

해설
과세대상 건물에는 부속된 시설물과 구축물을 <u>포함한다</u>.

➕PLUS 양도소득세 과세대상
1. 국내자산은 등기된 부동산임차권만 과세대상이다.
2. 지역권은 과세대상이 아니다.
3. 사업용자산과 별도로 양도하는 영업권, 별도로 평가하여 신고한 이축권은 기타소득이다.

정답 ①

필살키 063　양도소득세 납세의무자

양도소득세 납세의무자에 관한 설명으로 틀린 것은?

① 국외자산을 양도한 경우 국내에 해당 자산의 양도일까지 계속하여 5년 이상 주소나 거소를 둔 거주자에 한해 납세의무를 진다.

② 비거주자는 국내자산 양도소득에 한하여 납세의무를 진다.

③ 법인소유 국내 소재 등기된 토지를 양도하였다면 그 법인은 양도소득세 납세의무가 있다.

④ 공동으로 소유한 자산에 대해서는 각각 납세의무를 진다.

⑤ 법인격 없는 단체 중 대표자가 선임되어 있으나 이익분배 방법이나 비율이 정해지지 않은 단체는 과세대상 자산 양도 시 양도소득세 납세의무를 진다.

해설

양도소득세 납세의무자는 개인 및 법인으로 보지 않는 단체이다(법인은 법인세로 과세).

정답 ③

필살키 064　양도의 개념과 범위(1)

양도의 개념과 형태에 관한 설명으로 틀린 것은?

① 등기·등록에 관계없이 과세대상 자산을 유상으로 사실상 이전하는 것을 양도라 한다.

② 과세대상 자산을 상호교환한 경우 쌍방 모두 양도소득세 납세의무가 있다.

③ 이혼위자료 지급에 갈음하여 과세대상 자산을 이전한 경우 양도소득세 과세대상이다.

④ 재산세나 상속세를 물납한 경우 양도소득세가 과세될 수 있다.

⑤ 직계존비속이나 배우자의 토지를 부담부증여 시 채무액에 상당하는 부분은 언제나 유상거래로 보아 양도소득세 과세대상이다.

해설

배우자 간 또는 직계존비속 간의 부담부증여 시에는 채무액에 해당하는 부분을 수증자에게 인수되지 않은 것으로 추정하여 양도로 보지 않는다. 다만, 해당 채무액이 국가 및 지방자치단체에 대한 채무 등 법령에 정하는 바에 의하여 채무인수를 객관적으로 증명하는 경우에는 양도로 본다.

정답 ⑤

필살키 065   양도의 개념과 범위(2)

다음 중 양도로 보지 않는 경우는?

① 임의경매 절차에 의해 부동산의 소유권이 사실상 유상으로 이전된 경우(자기 것을 경락받은 경우 제외)

② 적법하게 소유권이 이전된 매매계약의 해제로 소유권이 환원된 경우(매매원인무효의 소에 의한 경우 아님)

③ 토지를 매수하는 데 금전을 출자하였다가 그 출자액 이상으로 환급받는 경우

④ 환지청산 시 청산금을 수령한 경우

⑤ 채무의 변제를 담보하기 위해 소유권이전등기를 하는 경우

해설

채무의 변제를 담보하기 위해 소유권이전등기를 하는 경우 양도담보는 양도에 해당하지 아니한다. 단, 채무변제에 충당된 경우에는 양도로 본다.

정답 ⑤

필살키 066   양도의 개념과 범위(3)

다음 중 양도로 보는 경우는?

① 공동소유 토지 등을 소유지분별로 단순히 분할하는 경우

② 「국세징수법」에 의한 공매로 아버지의 주택을 아들이 취득하는 경우

③ 토지거래 허가대상 토지를 허가 없이 양도한 경우

④ 불합리한 경계 변경을 위한 법률에 따른 분할, 교환으로 분할된 토지가 분할 전 토지면적의 100분의 20 이하인 경우

⑤ 이혼 시 재산분할 청구에 의한 소유권이전의 경우

해설

「국세징수법」에 의해 공매된 직계존속의 주택을 낙찰받은 경우는 유상거래로 직계존속에게 양도소득세가 과세될 수 있다(직계존비속이나 배우자의 부동산을 취득하더라도 유상거래로 보는 경우 → 공매, 파산, 교환, 대가지급).

+PLUS   양도의 범위 유의사항

1. 양도담보는 양도가 아니나 변제에 충당 시 양도

2. 공유물분할 시 지분감소 대가 수령은 양도

3. 배우자, 직계존비속과의 유상거래(매매 및 부담부증여 시 채무인수)는 증여로 추정(공매, 파산선고, 교환, 대가지급 소명 제외)

정답 ②

필살키 067 양도 또는 취득시기(1)

양도소득세 계산에 있어 양도 또는 취득시기에 관한 설명으로 틀린 것은?

① 자산의 대금에는 해당 자산의 양도에 대한 양도소득세 및 양도소득세의 부가세액을 양수자가 부담하기로 약정한 경우에는 해당 양도소득세 및 양도소득세의 부가세액은 제외한다.

② 대금청산일이 분명하지 아니한 경우 계약서상 잔금일을 양도 또는 취득시기로 한다.

③ 장기할부조건부 양도의 경우 소유권이전등기일, 인도일 또는 사용수익일 중 빠른 날을 양도 또는 취득시기로 한다.

④ 수용에 의한 경우는 대금을 청산한 날, 수용개시일 또는 소유권이전등기접수일 중 빠른 날로 한다. 다만, 소유권에 관한 소송으로 보상금이 공탁된 경우에는 소유권 관련 소송판결확정일로 한다.

⑤ 건축허가를 받지 아니하고 건축한 경우 취득시기는 그 사실상 사용일로 한다.

해설

대금청산일이 분명하지 아니한 경우에는 등기부·등록부 또는 명부 등에 기재된 등기·등록접수일 또는 명의개서일을 양도 또는 취득시기로 한다.

정답 ②

필살키 068 양도 또는 취득시기(2)

양도소득세 계산에 있어 양도 또는 취득시기에 관한 설명으로 옳은 것은?

① 증여에 의하여 취득하는 경우 증여를 받은 날이 취득시기이다.

② 상속에 의하여 취득하는 경우 상속개시일과 등기·등록일 중 빠른 날로 한다.

③ 환지처분으로 지목이 변경된 토지 양도에 있어 취득시기는 환지처분공고일의 다음 날이다.

④ 점유시효취득한 부동산의 취득시기는 시효완성일이다.

⑤ 1985. 12. 31. 이전 토지를 취득한 경우 1986. 1. 1. 취득한 것으로 본다.

해설

② 상속에 의하여 취득하는 경우 상속개시일이다.

③ 환지처분으로 지목이 변경된 토지 양도에 있어 취득시기는 환지 전 토지의 취득일이다.

④ 점유시효취득한 부동산의 취득시기는 점유개시일이다.

⑤ 1984. 12. 31. 이전 토지를 취득한 경우 1985. 1. 1. 취득한 것으로 본다.

+PLUS 양도 또는 취득시기 보충

1. 대금청산일까지 목적물이 완성되지 아니한 경우 목적물 완성일이 취득시기이다.

2. 취득시기가 분명하지 아니한 경우 먼저 취득한 자산을 먼저 양도한 것으로 본다.

3. 법원의 무효판결로 환원된 자산은 당초 취득일에 취득한 것으로 본다.

정답 ①

필살키 069　양도소득세 비과세(1)

* 필살키 069 ~ 074 문제에 있어 지문 외의 비과세요건은 모두 충족하였다고 가정

양도소득세 비과세대상에 해당하지 <u>않는</u> 것은?

① 법원의 파산선고에 의한 처분으로 인하여 발생하는 소득

② 법정요건을 충족한 농지의 교환, 분합으로 인하여 발생하는 소득

③ 「지적재조사에 관한 특별법」 제18조에 따른 경계의 확정으로 지적공부상의 면적이 감소되어 지급받는 조정금

④ 법정요건을 충족한 1세대가 1주택을 양도함으로써 발생하는 소득

⑤ 양도일 현재 다른 주택 또는 분양권을 보유하지 아니하고 조합원입주권을 1개 보유한 1세대(「도시 및 주거환경정비법」에 따른 관리처분계획의 인가일 현재 1세대 1주택 비과세요건을 충족한 기존주택을 소유하는 세대)가 해당 조합원입주권을 양도하여 발생하는 소득으로 해당 조합원입주권의 양도 당시 실지거래가액이 13억원인 경우

해설

조합원입주권을 1개 보유한 1세대[「도시 및 주거환경정비법」 제74조에 따른 관리처분계획의 인가일 및 「빈집 및 소규모주택 정비에 관한 특례법」 제29조에 따른 사업시행계획인가일(인가일 전에 기존주택이 철거되는 때에는 기존주택의 철거일) 현재 1세대 1주택 비과세요건을 충족하는 기존주택을 소유하는 세대]가 다음 어느 하나의 요건을 충족하여 양도하는 경우 해당 조합원입주권을 양도하여 발생하는 소득은 비과세한다. 다만, 해당 조합원입주권의 양도 당시 실지거래가액이 <u>12억원을 초과하는</u> <u>경우에는 양도소득세를 과세한다.</u>

1. 양도일 현재 다른 주택 또는 분양권을 보유하지 아니할 것
2. 양도일 현재 1조합원입주권 외에 1주택을 보유한 경우(분양권을 보유하지 아니하는 경우로 한정)로서 해당 1주택을 취득한 날부터 3년 이내에 해당 조합원입주권을 양도할 것(3년 이내에 양도하지 못하는 경우로서 대통령령으로 정하는 사유에 해당하는 경우를 포함)

정답 ⑤

필살키 070　양도소득세 비과세(2)

「소득세법」상 거주자의 1세대 1주택 양도소득세 비과세에 관한 설명으로 <u>틀린</u> 것은?

① 비과세되는 1세대 1주택 판단 시 부부는 각각 단독세대를 구성하는 경우에도 언제나 동일한 세대로 본다.
② 부부가 법률상 이혼한 경우 생계를 같이 하여도 별도세대로 판정한다.
③ 해당 거주자의 연령이 30세 이상인 경우 소득이 없어도 1세대를 구성할 수 있다.
④ 국외 소재 1주택을 양도하는 경우 비과세가 적용되지 아니한다.
⑤ 도시지역 내의 토지로 수도권 내 녹지지역 내의 토지는 주택정착면적의 5배까지를 한도로 하여 비과세되는 1주택의 부수토지로 본다.

해설

법률상 이혼을 하였으나 생계를 같이 하는 등 사실상 이혼한 것으로 보기 어려운 경우 <u>동일세대로 본다</u>.

+PLUS 비과세되는 주택의 부속토지		
도시지역 내	수도권 내 주거, 상업, 공업	바닥면적의 3배
	수도권 내 그 밖의 토지	바닥면적의 5배
그 밖의 토지 (도시지역 밖)	바닥면적의 10배	

정답 ②

필살키 071   양도소득세 비과세(3)

「소득세법」상 거주자의 1세대 1주택 양도소득세 비과세에 관한 설명 중 1주택에 대한 내용으로 옳은 것은?

① 비과세되는 주택에 딸린 토지면적은 무허가 정착면적을 포함하여 계산한다.

② 다가구주택을 하나의 매매단위로 양도하는 경우에도 독립하여 거주할 수 있도록 구획된 부분을 각각 하나의 주택으로 본다.

③ 하나의 건물이 주택과 주택 외의 부분으로 복합되어 있는 경우 항상 주거용 면적만을 주택으로 본다.

④ 1주택을 공동소유한 경우 지분이 가장 큰 사람의 소유로 본다.

⑤ 같은 날 2주택을 동시에 양도하는 경우 보유기간이 가장 긴 주택을 비과세한다.

해설

② 다가구주택을 하나의 매매단위로 양도하는 경우에는 <u>1주택으로 본다.</u>

③ 하나의 건물이 주택과 주택 외의 부분으로 복합되어 있는 경우와 주택에 딸린 토지에 주택 외의 건물이 있는 경우에는 그 <u>전부를 주택으로 본다.</u> 다만, 주택의 연면적이 주택 외의 부분의 연면적보다 적거나 같을 때에는 주택 외의 부분은 주택으로 보지 아니한다.

④ 1주택을 공동소유한 경우 <u>공동소유자 각자가 주택을 소유한 것으로 본다.</u>

⑤ 같은 날 2주택을 동시에 양도하는 경우 <u>해당 거주자가 선택하는 순서에 따라 주택을 양도한 것으로 본다.</u>

+PLUS **비과세되는 1주택**

1. 다가구주택

　① 취득세 : 1구를 1주택 공동주택기준적용(고급주택여부 판단)

　② 재산세 : 1구를 1주택

　③ 종합부동산세 : 전체를 1주택(합산배제임대주택 신청시 1구를 1주택)

　④ 종합소득세 : 전체를 1주택(구분등기 시 1구를 1주택)

　⑤ 양도소득세 : 1구를 1주택, 하나의 단위로 양도 시 전체를 1주택

2. 겸용주택

　① 비과세 되는 양도소득세

　　주택면적 > 주택 외의 면적 → 전부주택

　② 재산세에서 1구가 겸용주택일 때 주택면적이 50% 이상이면 전부 주택

　③ 그 외 경우는 모두 주택부분만 주택

정답 ①

필살키 072　양도소득세 비과세[4]

「소득세법」상 거주자의 1세대 1주택 양도소득세 비과세에 관한 설명 중 보유기간 및 거주기간에 관한 설명으로 <u>틀린</u> 것은 모두 몇 개인가?

ⓐ 상속개시 당시 동일세대원으로부터 상속받은 1주택의 경우는 동일세대원으로서 거주하고 보유한 기간은 통산한다.

ⓑ 조정대상지역에 있는 주택을 취득한 경우 보유기간 중 2년 이상 거주해야 비과세를 적용할 수 있다.

ⓒ 조정대상지역 공고가 있은 날 이전에 매매계약을 체결하고 계약금을 지급한 사실이 확인되는 경우 거주기간에 제한을 받지 않는다.

ⓓ 출국일 현재 1주택을 보유하고 있는 경우로서 출국일로부터 3년 이내에 양도하는 경우 보유기간 및 거주기간의 제한을 받지 아니한다.

ⓔ 1년 이상 거주한 주택 양도 시 취학 등 부득이한 사유로 세대전원이 다른 시·군으로 주거를 이전하는 경우에는 보유기간 및 거주요건에 제한을 받지 않는다.

ⓕ 민간건설임대주택의 임차일부터 해당 주택의 양도일까지 기간 중 세대원 전원이 거주한 기간이 5년 이상인 경우에는 보유기간 및 거주기간의 제한을 받지 아니한다.

---

① 1개　　② 2개　　③ 3개

④ 4개　　⑤ 5개

해설

ⓓ 출국일 현재 1주택을 보유하고 있는 경우로서 출국일로부터 <u>2년 이내</u>에 양도하는 경우 보유기간 및 거주기간의 제한을 받지 아니한다.

정답 ①

필살키 073　양도소득세 비과세[5]

「소득세법」상 거주자의 1세대 1주택 양도소득의 비과세 특례에 관한 설명으로 <u>틀린</u> 것은? (단, 2024년 10월에 양도한 것으로 가정함)

① 종전주택 취득일부터 1년이 경과한 후 신규주택을 취득하여 일시적 2주택이 된 경우 신규주택 취득일부터 3년 내에 종전주택을 양도하면 비과세를 적용한다.

② 법령이 정한 취학, 근무, 질병의 요양 등 부득이한 사유로 수도권 밖 주택과 일반주택 소유 시 사유해소일부터 3년 이내 일반주택을 양도하면 비과세를 적용한다.

③ 일반주택을 보유한 자가 상속을 받아 국내에 각각 1개씩 소유하고 있는 경우 일반주택을 양도 시 비과세를 적용한다.

④ 1주택을 보유하는 자가 1주택을 보유하는 자와 혼인함으로써 1세대가 2주택을 보유하게 되는 경우 혼인한 날부터 10년 이내에 먼저 양도하는 주택은 이를 1세대 1주택으로 보아 비과세를 적용한다.

⑤ 일반주택과 귀농주택을 각각 1개씩 가지고 있는 1세대는 귀농주택 취득일부터 5년 이내에 일반주택 양도 시 비과세를 적용한다.

해설

1주택을 보유하는 자가 1주택을 보유하는 자와 혼인함으로써 1세대가 2주택을 보유하게 되는 경우 또는 1주택을 보유하고 있는 60세 이상의 직계존속을 동거봉양하는 무주택자가 1주택을 보유하는 자와 혼인함으로써 1세대가 2주택을 보유하게 되는 경우 각각 혼인한 날부터 <u>5년 이내</u>에 먼저 양도하는 주택은 이를 1세대 1주택으로 보아 비과세를 적용한다.

정답 ④

필살키 074 양도소득세 비과세(6)

「소득세법 시행령」제156조의3(주택과 분양권을 소유한 경우 1세대 1주택의 특례) 제3항에 관한 내용이다. ( )에 들어갈 내용으로 옳은 것은?

> 「소득세법 시행령」제156조의3【주택과 분양권을 소유한 경우 1세대 1주택의 특례】③ 국내에 1주택을 소유한 1세대가 그 주택(종전주택)을 양도하기 전에 분양권을 취득함으로써 일시적으로 1주택과 1분양권을 소유하게 된 경우 종전주택을 취득한 날부터 1년이 지난 후에 분양권을 취득하고 그 분양권을 취득한 날부터 3년이 지나 종전주택을 양도하는 경우로서 다음 각 호의 요건을 모두 갖춘 때에는 이를 1세대 1주택으로 보아 제154조 제1항을 적용한다. 이 경우 제154조 제1항 제1호, 같은 항 제2호 가목 및 같은 항 제3호에 해당하는 경우에는 종전주택을 취득한 날부터 1년이 지난 후 분양권을 취득하는 요건을 적용하지 않는다.
> 1. 분양권에 따라 취득하는 주택이 완성된 후 (㉠)년 이내에 그 주택으로 세대전원이 이사(기획재정부령으로 정하는 취학, 근무상의 형편, 질병의 요양 그 밖의 부득이한 사유로 세대의 구성원 중 일부가 이사하지 못하는 경우를 포함한다)하여 (㉡)년 이상 계속하여 거주할 것
> 2. 분양권에 따라 취득하는 주택이 완성되기 전 또는 완성된 후 (㉢)년 이내에 종전의 주택을 양도할 것

	㉠	㉡	㉢
①	2	1	2
②	2	1	3
③	3	1	3
④	3	2	2
⑤	3	2	3

해설

「소득세법 시행령」제156조의3【주택과 분양권을 소유한 경우 1세대 1주택의 특례】③ 국내에 1주택을 소유한 1세대가 그 주택(종전주택)을 양도하기 전에 분양권을 취득함으로써 일시적으로 1주택과 1분양권을 소유하게 된 경우 종전주택을 취득한 날부터 1년이 지난 후에 분양권을 취득하고 그 분양권을 취득한 날부터 3년이 지나 종전주택을 양도하는 경우로서 다음 각 호의 요건을 모두 갖춘 때에는 이를 1세대 1주택으로 보아 제154조 제1항을 적용한다. 이 경우 제154조 제1항 제1호, 같은 항 제2호 가목 및 같은 항 제3호에 해당하는 경우에는 종전주택을 취득한 날부터 1년이 지난 후 분양권을 취득하는 요건을 적용하지 않는다.
1. 분양권에 따라 취득하는 주택이 완성된 후 3년 이내에 그 주택으로 세대전원이 이사(기획재정부령으로 정하는 취학, 근무상의 형편, 질병의 요양 그 밖의 부득이한 사유로 세대의 구성원 중 일부가 이사하지 못하는 경우를 포함한다)하여 1년 이상 계속하여 거주할 것
2. 분양권에 따라 취득하는 주택이 완성되기 전 또는 완성된 후 3년 이내에 종전의 주택을 양도할 것

정답 ③

필살키 075 양도차익의 계산[1]

「소득세법」상 양도소득 과세표준을 구하는 계산과정이다. (   )에 들어갈 내용이 순서대로 옳게 묶인 것은?

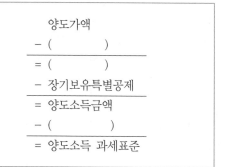

```
            양도가액
      – (             )
   ────────────────────
      = (             )
      – 장기보유특별공제
   ────────────────────
      = 양도소득금액
      – (             )
   ────────────────────
      = 양도소득 과세표준
```

① 취득가액, 양도차익, 양도소득기본공제
② 필요경비, 양도차익, 양도소득세액공제
③ 취득가액, 양도차익, 양도소득세액감면
④ 필요경비, 양도차익, 양도소득기본공제
⑤ 취득가액, 양도차익, 양도소득세액공제

해설

```
     양도가액
   – ( 필요경비 )
 ─────────────────
   = ( 양도차익 )
   – 장기보유특별공제
 ─────────────────
   = 양도소득금액
   – ( 양도소득기본공제 )
 ─────────────────
   = 양도소득 과세표준
```

정답 ④

필살키 076 양도차익의 계산[2]

양도차익 계산에 관한 설명으로 틀린 것은?

① 양도가액을 실지거래가액으로 하는 경우 취득가액도 실지거래가액으로 하는 것을 원칙으로 한다.
② 양도가액을 기준시가로 하는 경우 취득가액도 기준시가로 한다.
③ 취득 당시 실지거래가액을 확인할 수 없는 경우 취득가액은 매매사례가액, 감정가액, 기준시가, 환산취득가액을 순차적으로 적용한다.
④ 취득가액을 실지거래가액으로 하는 경우 실제 자본적 지출액 및 양도비용을 필요경비에 산입한다.
⑤ 취득가액을 환산취득가액으로 하는 경우 환산취득가액과 필요경비 개산공제액의 합과 실제 확인된 자본적 지출액과 양도비용의 합계액 중 큰 금액을 필요경비로 할 수 있다.

해설

취득 당시 실지거래가액을 확인할 수 없는 경우 취득가액은 매매사례가액, 감정가액, 환산취득가액, 기준시가를 순차적으로 적용한다.

+PLUS 양도차익 산정 기준(토지와 건물을 함께 취득하거나 양도한 경우)
1. 토지와 건물 등을 각각 구분하여 기장
2. 가액 구분이 불분명할 때에는 취득 또는 양도 당시의 기준시가 등을 고려하여 대통령령으로 정하는 바에 따라 안분계산(감정평가액이 있는 경우는 감정평가액 기준)
3. 구분 기장한 가액이 기준시가 등으로 안분계산한 가액과 30% 이상 차이가 있는 경우 토지와 건물 등의 가액 구분이 불분명한 때로 본다.

정답 ③

필살키 077 양도차익의 계산(3)

실지거래가액에 의한 양도차익 계산에 관한 설명으로 **틀린** 것은?

① 신고의무자가 신고를 하지 아니한 경우 등기부에 기재된 거래가액을 실지거래가액으로 추정할 수 있다.

② 양도소득세 등을 매수인이 부담하기로 하였다면 양도가액에 해당 세액을 포함하며 매수인은 추후 해당 물건 양도 시 해당 세액을 취득원가로서 필요경비에 산입한다.

③ 상속 또는 증여받은 자산의 취득가액은 상속, 증여재산 결정가액으로 하며 결정가액이 없는 경우에 한해 「상속세 및 증여세법」상 평가액으로 한다.

④ 자본적 지출액은 증명서류를 수취·보관하거나 금융거래 증명서류에 의하여 확인되는 경우에 필요경비에 산입한다.

⑤ 취득세 및 등록면허세는 증빙이 있는 경우에 한하여 취득가액에 포함한다.

해설
취득세 및 등록면허세는 <u>증빙이 없는 경우에도 취득가액에</u> 포함한다.

정답 ⑤

필살키 078 양도차익의 계산(4)

실지거래가액에 의한 양도차익 계산을 하는 경우 양도가액에서 공제할 필요경비에 해당하지 <u>않는</u> 것은? (단, 공제요건은 충족함)

① 대금지급방법에 따라 이자상당액을 가산하여 거래가액을 확정하는 경우 해당 이자상당액

② 부가가치세 신고 시 공제받은 부가가치세

③ 현재가치할인차금으로 보유기간 동안 사업소득 계산 시 필요경비로 산입되지 아니한 것

④ 취득 시 혹은 취득 이후 쟁송이 있는 경우 소유권확보를 위해 소요된 소송비용, 화해비용

⑤ 중개보수 및 양도소득세 과세표준신고서 작성비용

해설
공제받은 부가가치세는 양도차익 계산 시 필요경비로 공제할 수 없다.

+PLUS 필요경비로 산입할 수 없는 경우
1. 사업소득금액 계산 시 필요경비로 산입한 금액은 양도차익 계산 시 필요경비에 산입할 수 없다.(취득가액에서 감가상각비를 차감한 금액을 필요경비로 산입)
2. 대출금이자, 상속세 및 증여세(이월과세 시 제외), 재산세, 종합부동산세 등은 필요경비로 산입할 수 없다.

정답 ②

필살키 079　양도차익의 계산(5)

추계가액에 의한 양도차익 계산에 관한 설명으로 <u>틀린</u> 것은?

① 양도차익 계산 시 취득가액을 추계가액으로 하는 경우 자본적 지출액과 양도비용은 법령에 의한 필요경비 개산공제액으로 한다.

② 추계취득가액(기준시가 제외) 적용 시에도 사업소득금액 계산 시 필요경비로 산입한 감가상각비가 있다면 이를 공제한 금액을 취득가액으로 한다.

③ 미등기 토지를 양도하는 경우 필요경비 개산공제는 적용하지 아니한다.

④ 지상권, 전세권, 등기된 부동산임차권 양도 시 필요경비 개산공제액은 취득 당시 기준시가의 100분의 7이다.

⑤ 양도가액을 추계가액으로 할 경우 매매사례가액, 감정가액, 기준시가 순서로 적용한다.

해설

미등기 토지를 양도하는 경우 저율의 필요경비 개산공제를 <u>적용한다</u>.

※ 취득가액을 실지가액으로 하는 경우를 제외하고는 기타 필요경비는 개산공제를 적용

정답 ③

필살키 080　양도차익의 계산(6)

「소득세법」상 거주자 甲이 2018. 1. 1. 취득하여 2024. 10. 26. 양도한 건물(등기됨)에 관한 내용이다. 甲의 양도소득세를 최소화하기 위한 양도차익은?

- 실지양도가액은 1억원이며 실지취득가액은 확인되지 아니한다.
- 해당 토지의 양도 당시 기준시가는 5천만원이며 취득 당시 기준시가는 2천만원이다.
- 실제 자본적 지출액과 양도비용은 3천만원이다.

① 53,460,000원
② 59,400,000원
③ 60,000,000원
④ 63,000,000원
⑤ 70,000,000원

해설

구분	방법 1	방법 2
양도가액	1억원	1억원
- 취득가액	-4천만원(환산취득가액 1억원×2천만원/5천만원)	0
- 기타 필요경비 (자본적 지출액 + 양도비용)	-60만원(2천만원×3%)	-3천만원
= 양도차익	=59,400,000원	=70,000,000원

정답 ②

필살키 081　양도차익의 계산(7)

「소득세법」상 거주자 甲이 양도한 국내 소재 등기된 상가건물에 관한 내용이다. 양도차익은 얼마인가? (단, 자본적 지출액과 양도비용은 적격증빙을 수취·보관하였으며 부가가치세는 고려하지 아니함)

- 실지 양도가액 : 300,000,000원
- 실지 취득가액 : 100,000,000원
- 상가건물의 이용편의를 위한 지출액 : 30,000,000원
- 양도소득세 과세표준신고서 작성비용 : 10,000,000원
- 취득가액 중 사업소득금액 계산 시 산입한 감가상각비 : 10,000,000원

① 150,000,000원
② 160,000,000원
③ 170,000,000원
④ 180,000,000원
⑤ 200,000,000원

해설

　양도가액 : 300,000,000원
－ 취득가액 : 90,000,000원
　　　　　　(100,000,000원 － 10,000,000원)
－ 기타 필요경비 : 40,000,000원
　　　　　　(30,000,000원 + 10,000,000원)
＝ 양도차익 : <u>170,000,000원</u>

정답 ③

필살키 082　양도차익 계산의 특례(1)

다음 자료에 의한 거주자 甲의 양도소득세 계산 시 양도차익은? (단, 2014. 1. 1. 취득하여 2024. 10. 26. 양도함)

- 당해 주택은 1세대 1주택 비과세요건을 갖추었다.
- 양도가액은 15억원이며 취득가액은 9억원이다(모두 실지거래가액임).
- 실지 자본적 지출과 양도비용은 1억원이다 (적격증빙 수취·보관함).

① 20,000,000원
② 50,000,000원
③ 100,000,000원
④ 350,000,000원
⑤ 500,000,000원

해설

양도차익 = 15억원 － (9억원 + 1억원) = 5억원

고가주택 양도차익 = 5억원 $\times \dfrac{15억원 － 12억원}{15억원}$ = 1억원

+PLUS	고가주택의 범위와 양도차익 계산방법	
범위	• 주택 및 이에 딸린 토지의 양도 당시의 실지거래가액의 합계액이 12억을 초과하는 것 • 다가구주택의 경우, 그 전체를 1주택으로 보고 고가주택 여부를 판단 • 겸용주택의 경우, 주택으로 보는 부분의 실지거래가액을 포함하여 고가주택 여부를 판단
양도차익 계산방법	해당주택 전체 양도차익 × (양도가액 － 12억원)/양도가액

정답 ③

필살키 083 양도차익 계산의 특례(2)

다음 자료에 의한 거주자 甲의 양도소득세 계산 시 양도소득금액은?

- 당해 주택은 1세대 1주택 비과세요건을 충족하였다.
- 양도가액은 15억원이며 필요경비는 10억원이다.
- 보유기간은 10년 6개월, 보유기간 중 거주기간은 1년 6개월이다.

① 5천 6백만원
② 6천만원
③ 8천만원
④ 1억원
⑤ 4억원

해설

양도가액 : 15억원
− 필요경비 : 10억원
─────────────
= 양도차익 : 1억원(5억원 × $\dfrac{15억원 - 12억원}{15억원}$)
− 장기보유특별공제 : 2천만원(1억원 × 20%)
─────────────
= 양도소득금액 : 8천만원

※ 1세대 1주택 비과세요건을 충족한 고가주택이지만, 보유기간 중 2년 이상 거주요건을 충족하지 못하였으므로 보유기간 10년 이상 11년 미만 공제율인 20%의 공제율을 적용한다.

정답 ③

필살키 084 양도차익 계산의 특례(3)

거주자 甲의 2024년 아래의 국내 소재 토지에 대하여 특수관계인이 아닌 거주자 乙이 甲의 피담보채무 2억원을 인수한 경우 양도차익은?

- 甲은 2018. 1. 1. 해당 토지를 1억원에 취득
- 증여 당시 증여가액은 4억원
- 증여가액은 「상속세 및 증여세법」에 따른 평가액이며 기타 필요경비는 없음

① 50,000,000원
② 100,000,000원
③ 150,000,000원
④ 200,000,000원
⑤ 300,000,000원

해설

- 양도가액 : 4억원 × $\dfrac{2억원}{4억원}$ = 2억원
- 취득가액 : 1억원 × $\dfrac{2억원}{4억원}$ = 5천만원
- 기타 필요경비 : 없음

양도차익 = 양도가액 2억원 − 취득가액 5천만원
= 1억 5천만원

정답 ③

필살키 085   양도차익 계산의 특례(4)

거주자 甲의 2024. 11. 26. 아래의 국내 소재 등기된 토지를 특수관계인 乙에게 양도하였다. 양도차익은?

- 甲은 2018. 1. 1. 해당 토지를 특수관계자 丙에게서 1억원에 취득(시가와 동일)
- 양도가액 2억원(양도 당시 시가 3억원)
- 기타 필요경비는 없음

① 87,500,000원
② 90,000,000원
③ 100,000,000원
④ 180,000,000원
⑤ 200,000,000원

해설

특수관계자와의 거래이며 시가 3억원과 거래가액 2억원의 차이 1억원은 시가 3억원의 5% 이상에 해당되므로 시가대로 계산한다.

　　양도가액 : 3억원
－ 취득가액 : 1억원
－ 기타 필요경비 : 없음
＝ 양도차익 : 2억원

＋PLUS 부당행위계산 부인(저가양도, 고가취득)

거주자가 특수관계인과의 거래로 인하여 그 소득에 대한 조세 부담을 부당하게 감소시킨 것(시가와 거래가액의 차액이 3억 이상 또는 시가의 5%에 상당하는 금액 이상인 경우)으로 인정되는 경우에는 그 거주자의 행위 또는 계산과 관계없이 해당 과세기간의 소득금액을 계산할 수 있다.

정답 ⑤

필살키 086   양도차익 계산의 특례(5)

거주자 甲은 동생인 乙에게 2023. 1. 1. 토지를 증여하였다. 수증자 乙은 2024. 10. 26. 해당 토지를 제3자에게 양도하였다. 이와 관련된 「소득세법」상 규정에 관한 설명으로 **틀린** 것은?

① 乙의 증여세와 양도소득세를 합한 세액이 甲이 직접 양도하는 것으로 보아 계산한 양도소득세액보다 적은 경우 甲이 직접 양도한 것으로 본다.
② ①의 요건 충족 시 甲이 양도소득세의 납세의무자가 된다.
③ ①의 요건 충족 시 乙이 납부한 증여세는 양도소득세 계산 시 필요경비에 산입한다.
④ ①의 요건 충족 시 甲과 乙은 양도소득세에 대해 연대납세의무가 있다.
⑤ 양도소득이 실질적으로 수증자에게 귀속되는 경우는 당해 규정 적용대상에서 제외한다.

해설

乙이 납부한 증여세는 부과하지 아니한다.

＋PLUS 증여 후 양도의 부인(부당행위)

1. 특수관계인으로부터 증여받은 후 증여일부터 10년 이내에 다시 타인에게 양도 시 '수증자의 증여세 + 양도소득세'가 '증여자의 양도소득세' 보다 적은 경우 적용
2. 증여세는 부과하지 아니함
3. 증여자와 수증자는 연대납세의무 있음
4. 수증자에게 실제 귀속 시 부인하지 아니함

정답 ③

필살키 087　양도차익 계산의 특례[6]

거주자 甲은 배우자인 乙에게 2023. 1. 1. 토지를 증여하였다. 수증자 乙은 2024. 10. 28. 해당 토지를 제3자에게 양도하였다. 이와 관련된 「소득세법」상 규정(이월과세)에 대해 설명한 것으로 **틀린** 것은?

① 甲과 乙은 양도소득세에 대해 연대납세의무를 진다.
② 사망으로 혼인관계가 소멸된 경우에는 이월과세하지 아니한다.
③ 1세대 1주택으로 비과세대상인 경우 또는 고가주택으로 과세되는 경우 이월과세되지 아니한다.
④ 이월과세를 적용하지 아니하고 계산한 결정세액이 더 큰 경우 이월과세되지 아니한다.
⑤ 취득가액 및 취득시기는 증여자를 기준으로 계산한다.

해설

증여자와 수증자의 연대납세의무는 없다.

> **+PLUS　배우자, 직계존비속 간 증여재산에 대한 이월과세**
>
> 1. 배우자 또는 직계존비속으로부터 증여받은 후 10년(등기부에 기재된 기간) 이내에 제3자에게 양도 시 적용
> 2. 양도당시 이혼으로 혼인관계 소멸 시에도 이월과세 적용
> 3. 증여세 상당액이 있는 경우 필요경비에 산입
> 4. 증여자와 수증자의 연대납세의무는 없음
> 5. 수용, 사망, 1세대1주택, 이월과세하지 않은 세액이 더 큰 경우 등에는 이월과세하지 아니함

정답 ①

필살키 088　양도소득금액의 계산[1]

「소득세법」에 의해 양도소득세 계산 시 양도소득금액은 각 소득별(부동산 등, 주식, 파생상품, 신탁의 이익)로 계산한다. 다음 설명 중 **틀린** 것은?

① 양도소득금액은 소득자별, 소득별로 계산한다.
② 양도차손이 발생한 경우 같은 소득 내 다른 자산에서 발생한 양도소득금액에서 그 양도차손을 공제한다.
③ 소득별로 소득금액을 계산함에 있어 발생하는 결손금은 다른 소득금액과 합산할 수 있다.
④ 소득별로 소득금액을 계산함에 있어 발생하는 결손금은 다음 연도에 이월하여 공제할 수 없다.
⑤ 양도소득금액은 양도차익에서 장기보유특별공제를 차감하여 구한다.

해설

소득별로 소득금액을 계산함에 있어 발생하는 결손금은 다른 소득금액과 합산할 수 없다.

정답 ③

필살키 089 양도소득금액의 계산(2)

「소득세법」상 양도소득세 계산 시 장기보유 특별공제에 관한 설명으로 **틀린** 것은?

① 국내 소재 토지, 건물, 주택조합원입주권(조합원으로부터 취득한 것은 제외)만을 대상으로 한다.

② 등기된 토지를 2년 6개월간 보유 후 양도 시 적용할 수 없다.

③ 주택조합원입주권의 경우 주택의 취득일부터 관리처분계획인가 또는 사업시행계획인가 전 토지분 또는 건물분의 양도차익에 대해 적용한다.

④ 1세대 1주택 비과세요건을 갖춘 고가주택(보유기간 5년)으로 보유기간 중 해당 주택에 2년 이상 거주하지 아니한 경우 적용하지 아니한다.

⑤ 국외 양도자산 및 미등기 양도자산의 경우 적용하지 아니한다.

해설

1세대 1주택 비과세요건을 갖춘 고가주택으로 보유요건(<u>3년 이상 보유</u>)은 충족하였으나 거주요건(보유기간 중 2년 이상 거주)을 충족하지 못한 경우 일반공제율(최대 30%)을 적용한다.

+PLUS 장기보유특별공제

구분	장기보유특별공제
대상	토지, 건물, 조합원입주권
보유기간	3년 이상
공제율·공제금액	보유기간 × 2%(30% 한도) 단, 1세대 1주택으로 일정한 요건 충족 시 최대 80%
미등기양도자산	공제 불가
국외양도자산	공제 불가

정답 ④

필살키 090 양도소득 과세표준의 계산

「소득세법」상 양도소득세 계산 시 양도소득 기본공제에 관한 설명으로 **틀린** 것은?

① 토지를 공동으로 소유하다가 양도하는 경우 공유자 각각 적용이 가능하다.

② 미등기 양도자산에 대해서는 공제하지 않는다.

③ 해당 연도에 감면대상소득금액과 감면대상 외의 소득금액이 있는 경우 감면대상 외의 소득금액에서 먼저 공제한다.

④ 감면대상 소득금액이 없는 경우 해당 연도 양도소득금액 중에서는 먼저 양도한 자산의 양도소득금액에서 순차로 공제한다.

⑤ 해당 연도에 토지와 건물을 양도한 경우 각각 250만원을 공제한다(등기되었고 감면대상은 아님).

해설

토지와 건물은 같은 부동산 등의 양도소득에 속하므로 각각 250만원이 아닌 <u>합산한 소득금액에서 250만원을 한도로</u> 공제한다.

+PLUS 양도소득기본공제

구분	양도소득기본공제
대상	모든 자산(단, 자산별이 아닌 소득별로 공제)
보유기간	불문
공제율·공제금액	소득별로 연 250만원
미등기양도자산	공제 불가
국외양도자산	공제 가능

정답 ⑤

필살키 091   양도소득세 세율(1)

「소득세법」상 국내자산 양도에 따른 양도소득세 계산 시 적용되는 세율에 관한 설명으로 틀린 것은? (2024년에 양도하였으며 등기된 자산임)

① 자산별 세율 적용 시 둘 이상의 세율에 해당될 때에는 산출세액 중 큰 것을 그 세액으로 한다.
② 10개월 보유한 상가건물 양도 시 100분의 50을 적용한다.
③ 3년 보유한 조정대상지역 내 주택 양도 시 3주택에 해당하는 경우 100분의 36 ~ 100분의 75의 세율을 적용한다.
④ 미등기 토지 양도 시 100분의 70을 적용한다.
⑤ 8개월 보유한 주택 양도 시 100분의 70의 세율을 적용한다.

해설

2022. 5. 10. ~ 2025. 5. 9.까지 조정대상지역 내 주택 양도시 다주택자라도 2년 이상 보유한 경우 <u>100분의 6 ~100분의 45</u>의 세율을 적용한다.

정답 ③

필살키 092   양도소득세 세율(2)

「소득세법」상 국내자산 양도에 따른 양도소득세 계산 시 적용되는 세율에 관한 설명으로 틀린 것은?

① 해당 연도에 부동산을 둘 이상 양도한 경우 산출세액은 양도소득의 합계액에 초과누진세율을 적용하여 계산한 세액과 각각 세율로 적용하여 산출한 세액 중 큰 금액으로 한다.
② 상속받은 자산 양도 시 세율 적용에 있어 보유기간은 피상속인의 취득일부터 양도일까지로 한다.
③ 조합원으로부터 승계취득한 입주권 양도 시 세율 적용에 있어 보유기간은 입주권으로 전환 전 주택의 취득일부터 입주권 양도일까지로 한다.
④ 자기 조합원입주권 양도 시 세율 적용에 있어 보유기간은 입주권으로 전환 전 주택의 취득일부터 입주권 양도일까지로 한다.
⑤ 증여자산 이월과세 적용대상 자산 양도 시에는 증여한 자가 해당 자산을 취득한 날부터 수증자가 양도한 날까지를 세율 적용 시 보유기간으로 한다.

해설

조합원으로부터 승계취득한 입주권 양도 시 세율 적용에 있어 보유기간은 <u>입주권 취득일부터</u> 입주권 양도일까지로 한다.

+PLUS 양도소득세 세율 적용 시 보유기간

- 보유기간은 '취득일 ~ 양도일' 원칙
- 상속 : 피상속인 취득일 ~ 수증자 양도일
- 원조합원입주권 : 주택 취득일 ~ 입주권 양도일
- 이월과세 적용 시 : 증여자의 취득일 ~ 수증자의 양도일

정답 ③

필살키 093   양도소득세 불이익규정(1)

「소득세법」상 미등기자산 양도 시 불이익에 관한 내용으로 옳은 것은?

① 상가건물의 미등기 양도 시 양도차익 계산에 있어 취득가액을 실지거래가액으로 하지 않는 경우 필요경비 개산공제를 적용하지 않는다.

② 비과세요건을 충족하는 농지의 교환, 분합 및 감면요건을 충족하는 자경농지 등은 미등기 양도일지라도 미등기로 보지 아니한다.

③ 1세대 1주택 비과세요건을 갖춘 경우 미등기 양도라 하더라도 비과세 적용이 가능하다(건축허가를 받음).

④ 건설업자가 공사용역대가로 취득한 체비지를 토지구획환지처분공고 전에 양도하는 경우 미등기 양도로 본다.

⑤ 장기보유특별공제는 적용할 수 없지만 양도소득기본공제는 적용한다.

해설

① 양도차익 계산 시 취득가액을 실지거래가액으로 하지 않는 경우 저율(부동산의 경우 취득 시 기준시가의 0.3%)의 필요경비 개산공제를 적용한다.

③ 1세대 1주택 비과세요건을 갖추었으나 건축허가를 받지 않아 등기가 불가능한 경우는 미등기로 보지 않아 비과세를 적용하지만, 건축허가를 받은 경우에는 비과세를 적용하지 않는다.

④ 건설업자가 공사용역대가로 취득한 체비지를 토지구획환지처분공고 전에 양도하는 경우 미등기 양도로 보지 아니한다.

⑤ 장기보유특별공제 및 양도소득기본공제를 적용하지 아니한다.

+PLUS 미등기양도자산

1. 미등기양도 시 불이익
   70% 세율 적용, 장기보유특별공제 및 양도소득기본공제 적용 배제, 저율의 필요경비 개산공제 적용(취득 시 기준시가의 0.3% 등)

2. 미등기로 보지 아니하는 경우
   등기가 불가능한 자산, 농지의 비과세 및 감면 시, 무허가 1세대1주택, 도시개발사업 종료 전 양도, 체비지의 환지처분 공고 전 양도

정답 ②

필살키 094   양도소득세 불이익규정(2)

「소득세법」상 양도소득세제상 불이익에 관한 내용으로 틀린 것은? (2024년에 양도하였음)

① 2년 이상 보유한 비사업용 토지의 경우 100분의 16 ~ 100분의 55의 세율이 적용된다(투기지정지역 아님).

② 비사업용 토지의 경우 장기보유특별공제를 적용하지 아니한다.

③ 장기할부조건으로 취득한 자산으로서 그 계약조건에 의하여 양도 당시 그 자산의 취득에 관한 등기가 불가능한 자산은 취득에 관한 등기를 하지 아니하고 양도 시에도 미등기 양도로 보지 아니한다.

④ 「도시개발법」에 따른 도시개발사업이 종료되지 아니하여 토지 취득등기를 하지 아니하고 양도하는 토지는 취득에 관한 등기를 하지 아니하고 양도 시에도 미등기 양도로 보지 아니한다.

⑤ 조정지역 내 주택을 양도한 다주택자의 경우 양도소득기본공제를 적용한다.

해설

비사업용 토지는 장기보유특별공제를 적용한다.

정답 ②

필살키 p.42   합격서 pp.112~115

필살키 095   양도소득세 납세절차(1)

양도소득세 납세절차에 관한 내용으로 틀린 것은?

① 거주자의 경우 납세지는 주소지 관할 세무서이다.

② 거주자의 양도소득세에 대한 지방소득세 납세지는 주소지 관할 지방자치단체이다.

③ 비거주자의 경우 납세지는 주된 사업장 소재지로 하며 사업장이 없는 경우 국내원천소득 발생장소로 한다.

④ 양도일이 속한 달의 말일부터 2개월 이내(부담부증여는 3개월)에 예정신고를 해야 하지만 양도차익이 없거나 양도차손이 발생한 경우 예정신고 의무는 없다.

⑤ 토지거래허가구역 내 토지의 양도 시에는 그 허가일 또는 그 해제일이 속하는 달의 말일부터 2개월 이내에 예정신고를 해야 한다.

해설
양도차익이 없거나 양도차손이 발생한 경우에도 <u>예정신고 의무는 있다.</u>

정답 ④

필살키 p.42   합격서 pp.112~115

필살키 096   양도소득세 납세절차(2)

양도소득세 신고납부 절차에 관한 내용으로 틀린 것은?

① 예정신고를 한 자는 확정신고를 하지 아니할 수 있다.

② 예정신고 불성실로 인한 가산세가 부과된 경우에는 확정신고 시 중복적용하지 아니한다.

③ 예정신고기한 내 무신고·과소신고한 자가 확정신고기한까지 신고·수정신고한 경우에는 해당 가산세의 50%를 경감한다.

④ 예정신고 시에는 분할납부 규정이 적용되지 아니한다.

⑤ 해당 과세기간에 두 번 이상 기본세율 적용대상 양도소득세 예정신고를 한 경우로 이미 신고한 양도소득금액과 합산하여 신고하지 아니한 경우에는 확정신고를 해야 한다.

해설
예정신고 시에도 <u>납부세액 1천만원 초과 시 분할납부를 신청할 수 있다.</u>

+PLUS   예정신고한 자의 확정신고
- 누진세율 적용대상을 두 번 이상 양도하였으나 합산하여 신고하지 아니한 경우
- 기본공제 규정 등 적용 시 산출세액이 달라지는 경우

정답 ④

필살키 097　양도소득세 납세절차[3]

양도소득세 신고납부 및 결정, 경정, 징수, 환급에 관한 내용으로 **틀린** 것은?

① 해당 과세기간의 양도소득이 있는 거주자는 다음 연도 5월 1일부터 5월 31일까지 확정신고를 해야 한다.

② 토지거래허가대상 토지의 경우는 그 허가일 또는 그 해제일이 속하는 과세기간의 다음 연도 5월 1일부터 5월 31일까지 확정신고를 해야 한다.

③ 납세지 관할 세무서장은 양도소득과세표준과 세액을 결정 또는 경정한 경우 양도소득 총결정세액이 신고납부한 세액을 초과할 때에는 그 초과하는 세액을 해당 거주자에게 알린 날부터 60일 이내에 징수한다.

④ 납세지 관할 세무서장은 과세기간별로 신고납부한 세액이 양도소득 총결정세액을 초과할 때에는 그 초과하는 세액을 환급하거나 다른 국세 및 강제징수비에 충당하여야 한다.

⑤ 납부할 세액이 1천만원을 초과하는 경우 납부기한이 지난 후 2개월 이내에 분할납부할 수 있다.

해설

납세지 관할 세무서장은 양도소득과세표준과 세액을 결정 또는 경정한 경우 양도소득 총결정세액이 신고납부한 세액을 초과할 때에는 그 초과하는 세액을 해당 거주자에게 알린 날부터 <u>30일 이내</u>에 징수한다.

정답 ③

필살키 098　양도소득세 납세절차[4]

양도소득세의 가산세에 관한 내용으로 옳은 것은?

① 일반무신고가산세 : 무신고납부세액의 100분의 10

② 부정무신고가산세 : 부정무신고납부세액의 100분의 40

③ 부정과소신고가산세 : 부정과소신고분세액의 100분의 20

④ 납부지연가산세 : 미납 또는 과소납부세액의 1만분의 75를 법정납부기한의 다음 날부터 납부일까지 적용

⑤ 건물을 신축 또는 증축 후 5년 내 양도하는 경우로 취득가액을 감정가액 또는 환산취득가액으로 적용한 때에는 산출세액의 100분의 5에 해당하는 금액을 결정세액에 더한다. 이 경우 산출세액이 없는 경우에도 적용한다.

해설

① 일반무신고가산세 : 무신고납부세액의 <u>100분의 20</u>

③ 부정과소신고가산세 : 부정과소신고분세액의 <u>100분의 40</u>

④ 납부지연가산세 : 미납 또는 과소납부세액의 <u>1십만분의 22</u>를 법정납부기한의 다음 날부터 납부일까지 적용

⑤ 건물을 신축 또는 증축 후 5년 내 양도하는 경우로 취득가액을 감정가액 또는 환산취득가액으로 적용한 때에는 <u>감정가액 또는 환산취득가액</u>의 100분의 5에 해당하는 금액을 결정세액에 더한다. 이 경우 산출세액이 없는 경우에도 적용한다.

정답 ②

필살키 099　국외자산의 양도소득세[1]

국외자산 양도에 대한 양도소득세에 관한 설명으로 틀린 것은?

① 양도일까지 계속하여 3년간 국내에 주소 또는 거소를 둔 거주자에 한하여 납세의무를 진다.
② 외화를 차입하여 취득한 자산의 양도로 인하여 발생하는 소득으로 외화차입금의 환율변동에 따른 환차익은 양도소득의 범위에서 제외한다.
③ 장기보유특별공제는 적용하지 않으나 양도소득기본공제는 적용한다.
④ 양도차익 계산 시 실지거래가액을 원칙으로 한다.
⑤ 국외에서 납부한 세액은 세액공제방법 또는 필요경비 산입방법 중 선택하여 이중과세를 조정한다.

해설

양도일까지 계속하여 <u>5년 이상</u> 국내에 주소 또는 거소를 둔 거주자에 한하여 납세의무를 진다.

> **+PLUS　국외자산의 양도소득세**
> 1. 양도차익 외화환산 시 양도가액은 수령당시 환율, 필요경비는 지출당시 환율 적용
> 2. 세율은 무조건 6~45%
> 3. 기준시가를 적용하지 않기에 필요경비 개산공제 적용 불가

정답 ①

필살키 100　국외자산의 양도소득세[2]

국외자산 양도에 대한 양도소득세에 관한 설명으로 틀린 것은?

① 「소득세법」상 국내자산의 양도에 대한 양도소득세 규정 중 기준시가 산정은 준용하지 않는다.
② 양도차익 산정 시 양도가액은 수령 당시, 필요경비는 지출 당시의 기준환율 또는 재정환율에 의한다.
③ 부동산임차권은 등기 여부와 관계없이 과세대상이다.
④ 미등기 양도 시 적용되는 세율은 70%이다.
⑤ 분할납부 규정을 적용할 수 있다.

해설

<u>미등기 양도 시에도 국외자산 양도에 적용되는 세율인 6~45%</u>를 적용한다.

정답 ④

내가 꿈을 이루면
나는 누군가의 꿈이 된다.

– 이도준

MEMO

2024 에듀윌 공인중개사 한영규 필살키

발 행 일	2024년 8월 5일 초판
편 저 자	한영규
펴 낸 이	양형남
펴 낸 곳	(주)에듀윌
등록번호	제25100-2002-000052호
주 소	08378 서울특별시 구로구 디지털로34길 55
	코오롱싸이언스밸리 2차 3층

www.eduwill.net
대표전화 1600-6700

여러분의 작은 소리
에듀윌은 크게 듣겠습니다.

본 교재에 대한 여러분의 목소리를 들려주세요.
공부하시면서 어려웠던 점, 궁금한 점,
칭찬하고 싶은 점, 개선할 점, 어떤 것이라도 좋습니다.

에듀윌은 여러분께서 나누어 주신 의견을
통해 끊임없이 발전하고 있습니다.

에듀윌 도서몰 book.eduwill.net
• 부가학습자료 및 정오표: 에듀윌 도서몰 → 도서자료실
• 교재 문의: 에듀윌 도서몰 → 문의하기 → 교재(내용, 출간) / 주문 및 배송

에듀윌 직영학원에서
합격을 수강하세요

언제나 전문 학습 매니저와 상담이 가능한 안내데스크

고품질 영상 및 음향 장비를 갖춘 최고의 강의실

재충전을 위한 카페 분위기의 아늑한 휴게실

에듀윌의 상징 노란색의 환한 학원 입구

에듀윌 직영학원 대표전화

공인중개사 학원	02)815-0600	공무원 학원	02)6328-0600	편입 학원	02)6419-0600
주택관리사 학원	02)815-3388	소방 학원	02)6337-0600	세무사·회계사 학원	02)6010-0600
전기기사 학원	02)6268-1400	부동산아카데미	02)6736-0600		

공인중개사학원
바로가기

에듀윌 공인중개사 동문회 특권

1. 에듀윌 공인중개사 합격자 모임

2. 앰배서더 가입 자격 부여

3. 동문회 인맥북

업계 최대 네트워크

4. 개업 축하 선물

5. 온라인 커뮤니티

부동산 정보
실시간 공유

6. 오프라인 커뮤니티

지부/기수 정기모임

7. 공인중개사 취업박람회

8. 동문회 주최 실무 특강

9. 프리미엄 복지혜택

숙박/자기계발/의료
및 소식지 무료 구독

10. 마이오피스

동문 사무소
등록/조회

11. 동문회와 함께하는 사회공헌활동

※ 본 특권은 회원별로 상이하며, 예고 없이 변경될 수 있습니다.

에듀윌 공인중개사 동문회 | dongmun.eduwill.net
문의 | 1600-6700

에듀윌 부동산 아카데미 강의 듣기

성공 창업의 필수 코스
부동산 창업 CEO 과정

1 튼튼 창업 기초

- 창업 입지 컨설팅
- 중개사무 문서작성
- 성공 개업 실무TIP

2 중개업 필수 실무

- 온라인 마케팅
- 세금 실무
- 토지/상가 실무
- 재개발/재건축

3 실전 Level-Up

- 계약서작성 실습
- 중개영업 실무
- 사고방지 민법실무
- 빌딩 중개 실무

4 부동산 투자

- 시장 분석
- 투자 정책

부동산으로 성공하는
컨설팅 전문가 3대 특별 과정

마케팅 마스터

- 데이터 분석
- 블로그 마케팅
- 유튜브 마케팅
- 실습 샘플 파일 제공

디벨로퍼 마스터

- 부동산 개발 사업
- 유형별 절차와 특징
- 토지 확보 및 환경 분석
- 사업성 검토

빅데이터 마스터

- QGIS 프로그램 이해
- 공공데이터 분석 및 활용
- 컨설팅 리포트 작성
- 토지 상권 분석

경매의 神과 함께 '중개'에서
'경매'로 수수료 업그레이드

- 공인중개사를 위한 경매 실무
- 투자 및 중개업 분야 확장
- 고수들만 아는 돈 되는 특수 물권
- 이론(기본) - 이론(심화) -
  임장 3단계 과정
- 경매 정보 사이트 무료 이용

실전 경매의 神
안성선
이주왕
장석태

에듀윌 부동산 아카데미 | uland.eduwill.net

문의 | 온라인 강의 1600-6700, 학원 강의 02)6736-0600